Das Leben ist eine Achterbahn
oder Lebenskunst für junge Menschen

von Barbara Brüning

Das Leben ist eine Achterbahn
oder
Lebenskunst für junge Menschen

Lektüreheft für die Klassen 9/10

von Barbara Brüning

Militzke Verlag

Dieses Lehrbuch folgt der reformierten Rechtschreibung und Zeichensetzung.

 Dieses Schulbuch wurde auf chlorfrei gebleichtem Papier mit einem Altpapieranteil von 100% gedruckt. Die Bindung erfolgte mit lösemittelfreiem Leim. Gedruckt wurde mit Farben und Reinigungsmitteln auf pflanzlicher Basis.

1. Auflage

Lektorat: Andreas Förster
Umschlag: Ralf Thielicke
Satz und Gestaltung: Barbara Gomon, Leipzig
Druck und Bindung: DDF, Digitaldruckfabrik, Leipzig

Militzke Verlag www.militzke.de

ISBN: 978-3-86189-355-7

INHALTSVERZEICHNIS

VORWORT

Liebe Schülerinnen und Schüler,

Vita brevis – das Leben ist kurz, heißt ein alter lateinischer Spruch. Deshalb ist es wichtig, dass Sie rechtzeitig beginnen darüber nachzudenken, was Sie aus Ihrem Leben machen wollen. Unser Buch soll Ihnen dabei helfen, Klarheit in das Geflecht von Lebensfäden zu bringen, das Sie in Zukunft erwartet. Und weil dieses Geflecht zu einem unergründlichen Dickicht anwachsen könnte, stellt unser Buch 24 Begriffe vor, die sich als Kompass für ein gelingendes Lebens eignen.

Zu jedem dieser Begriffe haben wir für Sie einen Begriffskasten zusammengestellt, der von einem Philosophen oder einer Philosophin stammt. Er soll Ihnen die Konturen des Begriffes verdeutlichen und Sie anregen, eigene weitergehende Gedanken zu formulieren. Dazu stehen Ihnen verschiedene Methoden zur Verfügung, die wir im Anhang zu diesem Buch unter dem Titel »Kurzes Methodenlexikon der Ethik« charakterisieren – gekennzeichnet sind sie im Text mit einem Sternchen (*).

Zu jedem unserer Hauptbegriffe gibt es darüber hinaus ergänzende Begriffe, wie beispielsweise zum Begriff »Kind sein« den Begriff »Geschwister« , mit dem Sie sich sicherlich aufgrund eigener Erfahrungen gut auskennen. Anhand von Geschichten, Bildern oder kurzen Sachtexten soll Ihr Blick für diese zusätzlichen Begriffe geschärft werden, sodass Sie dazu dann einen eigenen Begriffskasten erstellen können.

Dafür wäre z.B. ein philosophisches Denktagebuch* hilfreich, in das Sie alle Ihre Gedanken über einen Begriff hineinschreiben und durch Fotos, Gedichte und kurze Geschichten ergänzen könnten.

Die Philosophin Hannah Arendt, die Sie in unserem Buch noch kennenlernen werden, hat fast 25 Jahre lang ein solches Denktagebuch geführt, das 28 Notizbücher umfasst. Darin reflektiert sie über Begriffe wie Angst, Freundschaft, Liebe oder Verzweiflung, denen Sie sicherlich in Ihrem bisherigen Leben auch schon einmal begegnet sind.

Ihre Erfahrungen mit dem Schreiben eines Denktagebuchs hat Hannah Arendt folgendermaßen kommentiert: »Die Gedanken kommen zu mir, ich bin ihnen nicht mehr fremd. Ich wachse ihnen als Stätte zu, wie ein bebautes Feld.« Probieren Sie einmal aus, welche Ideen Ihnen zu bestimmten Begriffen des Lebens einfallen.

Im Anhang finden Sie ein Glossar mit wichtigen Begriffen und biografischen Notizen zu verschiedenen Philosophinnen und Philosophen.

Wir wünschen Ihnen viele gute Gedanken! Und denken Sie daran: Das Leben ist wie eine Achterbahn; es gibt Höhen und Tiefen, die Sie auch in unserem Buch wiederfinden werden.

Barbara Brüning

1. GEBOREN WERDEN

- *Bilden Sie mit Ihrem Nachbarn oder Ihrer Nachbarin ein Tandem: Einer von Ihnen tippt auf einen Begriff und der andere sagt, welche Erfahrungen er bisher in seinem Leben damit gemacht hat.*
- *Suchen Sie sich anschließend einen Begriff aus und schreiben Sie in einem Miniaturtext* ein Erlebnis dazu. Lesen Sie sich anschließend Ihre Erlebnisse vor.*

Die Welt entdecken – staunen

Ein kleines Wunder

Mein Sohn in meinem Arm. Er hat so kleine, kleine Hände. Die eine hat sich um meinen Zeigefinger geschlossen und ich wage nicht mich zu rühren. Er könnte dann vielleicht loslassen und das wäre unerträglich. So ein Himmelswunder, diese kleine Hand mit fünf kleinen Fingern und fünf kleinen Nägeln. Ich wusste ja, dass Kinder Hände haben, aber ich habe wohl nicht recht begriffen, dass mein Kind auch solche haben würde. Denn ich liege hier und blicke auf das kleine Rosenblatt, das die Hand meines Sohnes ist, und kann nicht aufhören zu staunen.

Astrid Lindgren, schwedische Kinderbuchautorin*

- *Warum ist jedes Kind ein kleines Wunder?*
- *Staunen – schreiben Sie zu diesem Begriff ein Elfchen*.*

Wenn Babys geboren werden, dann haben sie schon die Wörter im Kopf drin. Sie müssen nur noch sprechen lernen.

Isabel, 6 Jahre

Der Mund ist zum Reden da, die Augen zum Sehen und der Kopf zum Denken.

Lara, 8 Jahre

Babys krabbeln vorwärts und rückwärts, denn sie wollen alles um sich herum entdecken. Sie kennen ja die Welt noch nicht.

Frank, 6 Jahre

Als wir auf die Welt gekommen sind, hat Gott uns auch das Wissen gegeben, über uns selbst Bescheid zu wissen.

Oliver, 9 Jahre

- *Wie können Babys die Welt entdecken? Sprechen Sie anhand der Fotos darüber und unterbreiten Sie Vorschläge für weitere Fotos.*
- *Welcher Spruch der Kinder passt zu welchem Foto? Begründen Sie Ihre Entscheidung.*

Er wird sich an allerlei Dinge gewöhnen müssen ...

Der norwegische Schriftsteller Jostein Gaarder erzählt in seinem Kinderbuch »Hallo, ist da jemand?« die Geschichte des kleinen Joakim, der auf die Geburt seines Bruders wartet und dabei über die Entstehung der Welt und des Menschen nachdenkt.

Ich sollte also ein Schwesterchen oder Brüderchen bekommen. Was es nun werden würde, wurde bei uns zu Hause immer wieder diskutiert. Ich war ganz sicher, dass in Mamas dickem Bauch ein Brüderchen steckte. Wieso ich mir da so sicher war, habe ich niemals begriffen. Vielleicht lag es einfach nur daran, dass ich lieber einen Bruder wollte.

Bei uns Menschen geht das ja oft so, dass wir gern das glauben, was wir uns am meisten wünschen. Ich fand es schon schwer genug, mir vorzustellen, dass ich ein Brüderchen bekommen würde. Aber ein kleiner Bruder würde auf jeden Fall ein bisschen Ähnlichkeit mit mir haben. Ich fand es noch viel schwieriger, mir eine kleine Schwester vorzustellen.

Mama sagte, das Baby stehe in ihr Kopf und trete sie in den Bauch, bis sie gelb und blau würde. Als sie das sagte, fand ich, mein Brüderchen sollte sich zusammenreißen. Ich glaube, damals hatte ich zum allerersten Mal Lust, ihn ein bisschen zur Ordnung zu rufen. Und es sollte auch nicht das letzte Mal sein. Aber wir kommen nun einmal ohne jede Form von Erziehung auf diese Welt. Wir brauchen viele Jahre, um zu lernen, dass wir aufeinander Rücksicht nehmen müssen.

Es war bestimmt auch seltsam für meinen kleinen Bruder, auf die Welt zu kommen. Ich beneide ihn nicht. Denn wenn mein Brüderchen auf die Welt kam, würde er sich an allerlei Dinge gewöhnen müssen.

- *An welche Dinge muss sich ein Baby, das auf die Welt kommt, gewöhnen? Schreiben Sie die fünf wichtigsten Dinge auf und vergleichen Sie Ihre Ideen in der Klasse.*

Warum ist das Gras grün?

In der Entwicklung der Kinder gibt es eine Phase, also ein bestimmtes Alter, da stellen sie die berühmten und auch berüchtigten Warum-Fragen: »Warum scheint die Sonne?«, »Warum ist die Blume rot, warum das Gras grün?«, »Warum heißt der Tisch ›Tisch‹?«, »Warum müssen die Menschen sterben?« Mit solchen Fragen bringen die Kinder ihre Eltern oft zur Verzweiflung, denn die Eltern können die meisten Fragen nicht beantworten. Offensichtlich laufen die Eltern durch die Welt, ohne alles zu wissen. Aber ihr Nichtwissen stört sie nicht, sie finden sich auch zurecht, ohne über alles Bescheid zu wissen:

»Warum ist das Gras grün?« – Antwort: »Weil es grün ist.« Oder: »Weil der Himmel blau ist.«

Diese Antworten sind nur der äußeren Form nach Antworten, denn sie beginnen mit »weil« , aber in Wirklichkeit drücken sie etwas anderes aus: »Lass mich in Ruhe!« Oder: »Ich weiß es nicht.« Oder: »Die Welt ist, wie sie ist. Wir wissen nicht, warum sie so ist.«

Oft allerdings bemühen sich die Eltern ernsthaft um eine Antwort. Dann versuchen sie vielleicht, ihrem dreijährigen Kind das Sonnensystem zu erklären oder die Funktionsweise des Benzinmotors und so weiter. Das ist gar nicht so leicht, denn häufig können die Kinder schon Fragen stellen, deren Antworten sie noch gar nicht verstehen, weil sie im Denken noch nicht so geübt sind wie die Erwachsenen!

Roland Simon-Schaefer, zeitgenössischer deutscher Philosoph

- *An welche schwierigen Kinderfragen erinnern Sie sich? Sammeln Sie Kinderfragen in einem philosophischen Denktagebuch* und versuchen Sie, diese einander zu beantworten.*
- *Warum tun sich die Erwachsenen oftmals schwer, Warum-Fragen von Kindern zu beantworten?*

Begriffskasten

Staunen ist ein Gefühl, das sich spontan einstellt. Das Gefühl des Staunens wird aber nicht bei jedem von demselben Gegenstand und nicht bei allen bei derselben Gelegenheit ausgelöst … Wir sind bei unserem Staunen und Nichtstaunen nicht nur von Stimmungen und Affekten, sondern auch von Deutungsmustern bestimmt, die uns unterschiedlich staunen lassen.

Ekkehard Martens, zeitgenössischer deutscher Philosoph

- *Was verstehen Sie unter Deutungsmustern und welche Deutungsmuster bestimmen beispielsweise Ihre Fähigkeit über etwas zu staunen?*

Kind sein

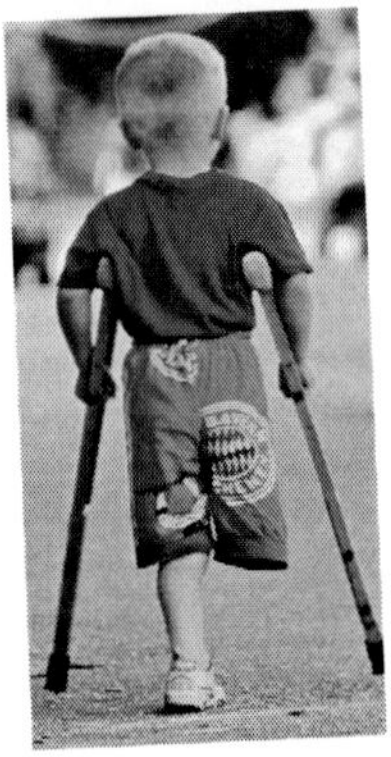

Zerrissen

Das Kind ist ein Kind.
Wird geliebt und geschlagen,
muss Träume erfüllen
und Waffen tragen.

Lebt in der Welt,
kann lernen und fragen
und träumen an Tagen,
kann Vieles sagen.

Steht in der Welt.
Muss brav sein und schweigen
und darf sich nicht zeigen,
muss angepasst bleiben.

Schwankt in der Welt.
Soll groß sein und schauen
und unsicher bauen,
soll Bildern vertrauen.

Der Mensch ist ein Kind,
dem die Zeit verrinnt.
Das Kind bleibt ein Kind.

Jürgen Bennack,
zeitgenössischer deutscher Autor

- *Welches Bild von Kindern wird in diesem Gedicht gezeichnet?*
- *Entspricht dieses Bild Ihren eigenen Erfahrungen vom Kindsein? Warum? Warum nicht?*
- *Suchen Sie aus dem Gedicht Gedanken heraus, denen Sie widersprechen würden.*
- *Deuten Sie die letzte Strophe und schreiben Sie einen Miniaturtext* dazu.*

- *Denkaufgabe: Der griechische Philosoph Heraklit* hat gesagt, der Mensch besteht aus Gegensätzen wie z. B. Gut und Böse. Trifft dies auch auf Kinder zu? Begründen Sie Ihren Standpunkt.*

Kinder brauchen Werte

Je jünger Kinder sind, desto mehr brauchen und wollen sie auch den Halt ihrer Eltern. Und genau deshalb brauchen und wollen sie Werte (siehe auch Seite 40 in diesem Buch).

Werte sind eine feste Orientierungsbasis für Kinder, die das Miteinander in Familie, Kindergarten oder Schule regelt und auf der sie später aufbauen können, wenn sie älter werden und sich selbst mit Werten auseinandersetzen. Werte sind ein Leitfaden, den Eltern ihren Kindern mit auf den Lebensweg geben, um eben diesen Weg zu erleichtern. Die Empfindung für »Moral« wird Kindern nicht in die Wiege gelegt. Sie wollen von ihren Eltern erfahren, was richtig und was falsch, was erlaubt und was verboten ist. Sie lieben klare Regeln und Rituale, an denen sie sich eindeutig orientieren können.

Susanne Porsche,
zeitgenössische deutsche Autorin

- *Wie bewerten sie die Aussage der Autorin, dass bereits jüngere Kinder von ihren Eltern Werte einfordern?*
- *Moral wird Kindern nicht in die Wiege gelegt? Haben Sie ähnliche Erfahrungen gemacht? Sprechen Sie darüber in der Klasse.*
- *Welche Werte waren die ersten, die Sie als Kinder gelernt und geachtet haben? Gestalten Sie eine Collage* zum Thema »Als Kind war für mich wichtig …«*

Begriffskasten

Keine Fragen, die ein Kind stellt, zurückweisen oder missbilligen, und nicht zulassen, dass sie lächerlich gemacht werden; dagegen alle seine Fragen beantworten und was es wissen möchte, erklären, sodass alles ihm so verständlich wird, wie es seinem Alter und seinen Kenntnissen angemessen ist.

John Locke, englischer Philosoph*

Philipp O. Runge: Die Hülsenbeckschen Kinder (1805/06), Ausschnitt

Geschwister erleben nie das Gleiche

Obwohl Geschwister das Erbgut derselben Eltern in sich tragen und in derselben Umgebung aufwachsen, unterscheiden sie sich in ihren Persönlichkeitsmerkmalen stärker voneinander als willkürlich auf der Straße aufgelesene Personen mit entsprechendem Alter, entsprechendem Geschlecht und ähnlicher sozialer Herkunft. Der Befund gilt bis hin zum Intelligenzquotienten. (...) Geschwister erleben nie das Gleiche. Auch die gemeinsamen Rituale der Kindheit nehmen sie unterschiedlich wahr: Den einen quält das Abendlied vor dem Zubettgehen, der andere versteht es als mütterliche Zuwendung. Selbst eineiige Zwillinge mit identischem Erbgut interpretieren eine identische Umwelt zuweilen entgegengesetzt: Der eine zieht sich nach dem Tod des Vaters zurück, der andere hängt sich an die Mutter. In ihrer Vorstellung haben Geschwister nie dasselbe Elternhaus.

Der Spiegel, Nr. 02/2006

- *Beschreiben Sie, welchen Eindruck Sie von den Kindern haben. Was lässt sich über ihr Verhältnis zueinander sagen?*
- *Das Bild wurde von Philipp Otto Runge im 19. Jahrhundert gemalt. Könnte es auch aus dem 21. Jahrhundert stammen? Warum? Warum nicht?*
- *Welche der Thesen im Text können Sie aus Ihrem Geschwisterdasein bestätigen und welche nicht? Führen Sie dazu ein Streitgespräch.*
- *Kommentieren Sie: Rivalität zwischen Geschwistern wirkt als Entwicklungsmotor.*
- *Verfassen Sie eine Gedankenkette* zum Begriff »Geschwister«.*

Gerechtigkeit und gegenseitige Unterstützung

Kinder haben normalerweise den gleichen Status in der Familie; sie können deshalb eine gleiche Behandlung von den Eltern erwarten. Natürlich bedingen Unterschiede in Geschlecht, Alter, Temperament, Gesundheit oder Talenten auch gewisse Unterschiede in der Behandlung, wobei jedoch die Grundrechte, die sich auf das Wohlergehen, die Gesundheit und die Ausbildung beziehen, davon nicht betroffen werden. Die ursprüngliche Gleichheit von Kindern in der Familie gründet sich auf das ethische Prinzip der Gerechtigkeit. Kinder lernen sehr schnell, in welchem Umfang die Bestimmungen der Gerechtigkeit ihr Leben beeinflussen. Jeder achtet auf Anzeichen von Bevorzugung oder ungleicher Behandlung. Deshalb besteht eine der wichtigsten Aufgaben von Eltern darin, sicherzustellen, dass keines ihrer Kinder das Gefühl entwickelt, seine Bedürfnisse könnten gegenüber denen der anderen vernachlässigt werden. Dennoch solltest du immer daran denken, dass es Unterschiede hinsichtlich des Geschlechts, des Alters und der Fähigkeiten gibt. Henry wird es beispielsweise nicht übel nehmen, dass sein Bruder Johannes Musikstunden nimmt. Johannes hat im Gegensatz zu Henry eine musikalische Begabung. Wenn Henry allerdings einen Kunstsinn hätte und an Unterricht in Bildhauerei interessiert wäre, so würde es nicht gerecht sein, ihm die Stunden zu verweigern, vorausgesetzt, die Familie könnte das erforderliche Geld aufbringen. (...)
Der familiäre Gerechtigkeitsanspruch wird durch ein anderes ethisches Verhaltensmuster ergänzt – das Prinzip der gegenseitigen Unterstützung. Wenn die Kinder einander beistehen, so lernen sie, dass »eine Hand die andere wäscht« . Wenn du von jemandem Hilfe erhältst, so ist es selbstverständlich, dass du ihm in ähnlichen Situationen auch hilfst. Du wirst entdecken, dass diese Übereinkunft die Möglichkeit aller Beteiligten vergrößert, ihre Bedürfnisse zu befriedigen und gesteckte Ziele zu erreichen. Deshalb ist die Zusammenarbeit für die zwischenmenschlichen Beziehungen wichtig. Viele Dinge in unserem Leben lassen sich nur durch Kooperation mit anderen bewältigen. Die ursprüngliche Bedeutung des Begriffs »Kooperation« heißt »mit anderen (zusammen-)arbeiten«, d.h. wenn sich jemand darauf einstellt, mit mir zu arbeiten, damit ich bestimmte Dinge erledigen kann, so ist es gerecht, dass ich auch mit ihm zusammenarbeite, wenn er mich braucht.

Die gegenseitige Unterstützung ist besonders wirksam, wenn jemand eine Aufgabe allein nicht bewältigen kann. Wenn z.B. dein Bruder von einigen Jungen angegriffen wird, so braucht er Hilfe. Gemeinsam ist es euch möglich, die Bedrohung abzuwehren. Das Bedürfnis, sich in schwierigen Situationen zu helfen, führt zur Solidarität, zu gemeinsamem Handeln bei äußerer Gefahr oder bei Aufgaben, die für einen allein zu schwierig sind.

Konstantin Kolenda, amerikanischer Philosoph*

- *Warum ist es wichtig, dass in der Familie das Prinzip der Gerechtigkeit zwischen Geschwistern gilt? Sehen Sie in den Gedanken von Kolenda einen Widerspruch zu den Aussagen des Spiegel-Artikels? Begründen Sie Ihre Meinung.**
- *Schreiben Sie eine Geschichte, in der Sie über ein Ereignis aus Ihrem Leben berichten, das Sie ohne die Hilfe Ihrer Schwester oder Ihres Bruders nicht bewältigt hätten.*

Eltern haben

Sei pünktlich!

Jeder kennt das Problem. Bevor man abends weggehen darf, muss man vorher noch eine lange Diskussion mit seinen Eltern führen, wann man wieder zu Hause sein soll. Endlich kommt es zu einer Einigung, die für beide Seiten zufriedenstellend ist. Doch auf jeden Fall soll man pünktlich nach Hause kommen.

Jetzt aber schnell weg, man will die Freundin schließlich nicht warten lassen. Tja, und nach vier Stunden denkt man: »Mist, schon so spät. Und jetzt, wo es gerade am besten wird, muss ich los. Ach, egal, meine Eltern wissen ja, wo ich bin. Ich bleibe einfach noch eine halbe Stunde.«

Doch wie kommt es eigentlich, dass man seine Eltern ohne schlechtes Gewissen warten lässt, die Freunde jedoch nie auf einen warten müssen? Einem Kalenderblatt haben wir einen weisen Spruch entnommen: Wer pünktlich kommt, ist neugierig und zeigt Interesse.

Zu Hause weiß man, was einen erwartet. Doch mit Freunden erlebt man immer etwas Neues. Da die Eltern einem vertrauter sind, scheut man sich nicht, bei ihnen auch mal seine schlechte Seite zu zeigen. Bei Freunden allerdings hat man das Gefühl, dass die Gefahr bestünde, einen falschen Eindruck zu hinterlassen. Auf Dauer könnte sich das negativ auswirken. Die Eltern können sich nicht so schnell abwenden. Aber trotzdem sollte man auf die Ängste der Eltern Rücksicht nehmen. Allerdings kann man von ihnen auch etwas mehr Verständnis erwarten.

Josefin und Carolin, 14 Jahre
Hamburger Abendblatt vom 19. Januar 2006

- *Haben Sie ähnliche Erfahrungen wie Josefin und Carolin gemacht? Wie reagieren Sie in solchen Situationen? Spielen Sie dazu kleine Szenen in der Klasse und werten Sie diese anschließend aus.*

Die Lust am Zusammenleben mit Kindern

Der Philosoph Gernot Böhme lebt in Darmstadt. Er hat 1995 ein Buch mit dem Titel »Briefe an meine Töchter« geschrieben, in dem er seinen vier Töchtern über seine Erfahrungen als Vater und Philosoph berichtet.

> Die Lust am Zusammenleben mit Kindern ist in der Tat wesentlich die Lust an der Beteiligung, sei es der aktiven oder manchmal auch nur der zuschauenden, an der Entstehung von etwas Neuem, eines anderen Menschen. Die Fantasie der Kinder, das Erwachen der Intelligenz, das Sprechenlernen, die Verballhornungen, der Eigenwille, das ist gerade das Faszinierende. In der Teilnahme daran wird die elterliche Liebe zur positiven Solidarität. Bisher habe ich Solidarität negativ definiert, nämlich als Bereitschaft, sich von dem betreffen zu lassen, was den anderen betrifft. Die elterliche Liebe ist der Prototyp positiver Solidarität, nämlich das Mitgehen und die Unterstützung dessen, was der andere will. Ich habe Euch als Kinder nie versucht zu gängeln oder zu etwas Bestimmtem zu machen, ich habe im Gegenteil immer versucht, Euch in dem zu stärken, was Ihr selber wolltet, oder Euch zu helfen herauszufinden, was Ihr eigentlich wollt. Selbst noch in Unfug und Verbotsüberschreitungen war ich mit Euch solidarisch. In der hintergründigen Freude an Eurem Eigenwillen.

- *Erklären Sie, warum elterliche Liebe der Prototyp von Solidarität ist.*
- *Gernot Böhme will den Eigensinn von Kindern stärken. Beschäftigen Sie sich mit dem Begriff Eigensinn und erstellen Sie ein Begriffsnetz*.*
- *Antworten Sie Gernot Böhme anschließend in einem fiktivem Brief*, ob Ihnen seine Gedanken zusagen oder nicht.*
- *Sehen Sie einen Zusammenhang zwischen Josefins und Carolins Erfahrungen und denen von Gernot Böhme? Begründen Sie Ihre Meinung.**
- *Schreiben Sie ein Akrostichon* zum Begriff »Eltern«.*

Projektvorschlag:

Untersuchen Sie, welche ethischen Ratschläge die Zeitschrift »Eltern« ihren Leserinnen und Lesern für die Erziehung von Kindern gibt. Werten Sie diese in der Klasse aus.

2. GRUNDBEDÜRFNISSE BEFRIEDIGEN

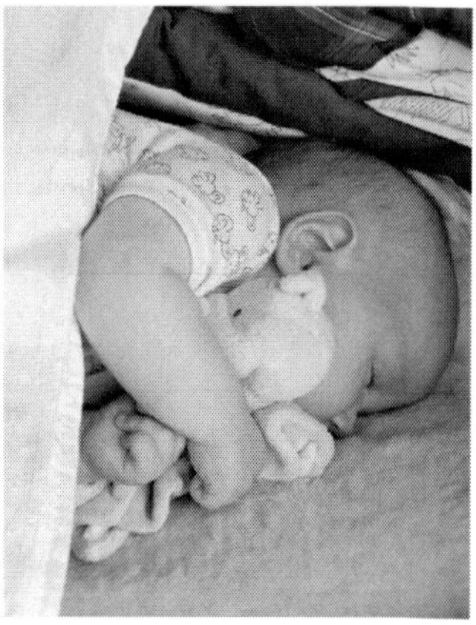

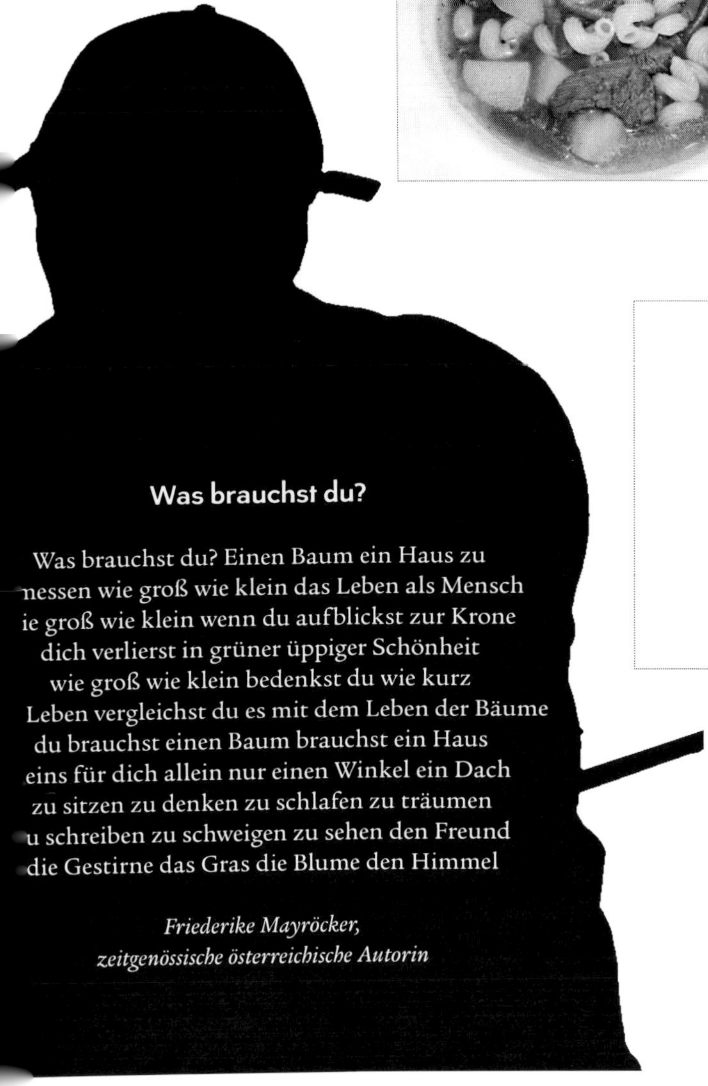

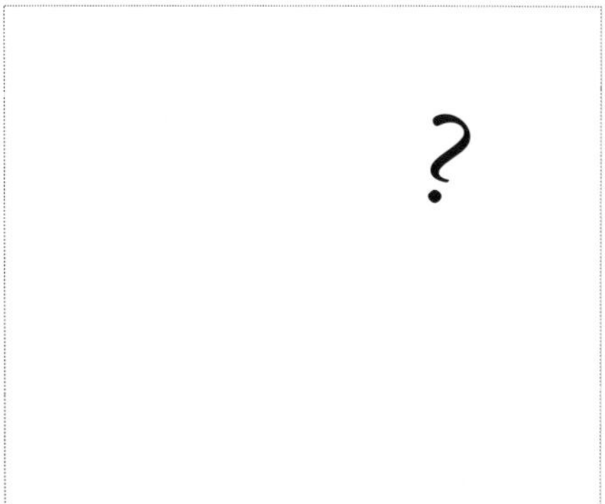

Was brauchst du?

Was brauchst du? Einen Baum ein Haus zu
nessen wie groß wie klein das Leben als Mensch
ie groß wie klein wenn du aufblickst zur Krone
dich verlierst in grüner üppiger Schönheit
wie groß wie klein bedenkst du wie kurz
Leben vergleichst du es mit dem Leben der Bäume
du brauchst einen Baum brauchst ein Haus
eins für dich allein nur einen Winkel ein Dach
zu sitzen zu denken zu schlafen zu träumen
u schreiben zu schweigen zu sehen den Freund
die Gestirne das Gras die Blume den Himmel

Friederike Mayröcker,
zeitgenössische österreichische Autorin

- *Beantworten Sie in einem Essay die Frage von Friederike Mayröcker: Was brauchen Sie zum Leben? Berücksichtigen Sie dabei auch die Grundbedürfnisse auf den Fotos.*

Essen und Trinken

Je mehr einer trinkt,
desto mehr ihn dürstet.

Essen und Trinken
hält Leib und Seele zusammen.

Essen und Trinken muss sein
und wären alle Bäume Galgen.

Je weniger man isst,
je länger isst man.

Wie einer isst,
so arbeitet er auch.

Esset, was ihr findet,
und denket, was ihr wollt.

Trink und iss,
den Armen nicht vergiss.

- *Welche Lebensweisheiten bringen die Sprichwörter zum Ausdruck?*
- *Schreiben Sie zu den Begriffen Essen und Trinken eine Gedankenkette*.*

Sie wollen nur ihre Ruhe!

Der Mathematiker und Astronom Carl Friedrich Gauß gehört zu den bedeutendsten deutschen Gelehrten des 18. Jahrhunderts. Bereits als achtjähriger Junge entwickelte er eine Additionsregel für die Zahlen 1 bis 100. Weniger bekannt ist, dass er auch ein scharfer Beobachter der menschlichen Verhaltensweisen gewesen ist. Davon erzählt der Schriftsteller Daniel Kehlmann in seinem Buch »Die Vermessung der Welt«. Der kleine Gauß wollte schon so früh wie möglich lesen lernen.

... Die schwarzen Zeichen in den Büchern, welche zu den meisten Erwachsenen sprachen, nicht aber zu seiner Mutter und zu ihm, störten ihn. An einem Sonntagnachmittag ließ er sich von seinem Vater, aber wie stehst du denn da Junge, einige erklären: das mit dem großen Balken, das unten weit ausschwingende, den Halb- und den ganzen Kreis. Dann betrachtete er die Seite, bis sich die noch unbekannten ganz von allein ergänzten und da plötzlich Wörter standen. Er blätterte um, diesmal ging es schneller, ein paar Stunden später konnte er lesen, und noch am selben Abend war er mit dem Buch, das übrigens langweilig war und immerzu von Christi Tränen und der Liebestreue des Sünderherzens redete, fertig. Er brachte es seiner Mutter, um auch ihr die Zeichen zu erklären, aber sie schüttelte traurig lachend den Kopf. In diesem Moment begriff er, dass niemand den Verstand benutzen wollte. Menschen wollten Ruhe. Sie wollten essen und schlafen, und sie wollten, dass man nett zu ihnen war. Denken wollten sie nicht.

$$F(x) = \frac{1}{\sigma\sqrt{2\pi}} \int_{-\infty}^{x} \exp\left(-\frac{1}{2}\left(\frac{t-\mu}{\sigma}\right)^2\right) dt$$

- *Informieren Sie sich über das Leben von Carl Friedrich Gauß.*
- *Gehört Denken zu den menschlichen Grundbedürfnissen? Warum? Warum nicht?*
- *Könnten Sie sich ein Leben mit Essen und Trinken, aber ohne Verstand vorstellen? Schreiben Sie dazu einen Aphorismus oder gestalten Sie einen Comic mit Sprechblasen.*

Das rechte Maß finden

- *Was könnte der zweite Junge antworten? Unterbreiten Sie schriftlich einen Vorschlag.*

Der Linseneintopf

Der zeitgenössische spanische Philosoph Fernando Savater* hat für seinen 16-jährigen Sohn ein Buch geschrieben, das den Titel trägt »Tu, was du willst«. Darin äußert er sich auch über Probleme des Essens und Trinkens.

In bestimmten Situationen kann allein die reine und einfache Lust auf irgendetwas durchaus genügen – z. B. wenn man Lust hat, in ein Restaurant essen zu gehen. Da Du ja glücklicherweise einen robusten Magen hast und Dich nicht darum kümmerst, ob Du dick wirst, geh nur und bestelle, worauf Du Lust hast. Aber Vorsicht, manchmal gewinnt man nicht durch die Lust, sondern verliert. Hierzu ein Beispiel.
Ich weiß nicht, ob Du viel in der Bibel gelesen hast. Sie ist voller interessanter Dinge, und man muss nicht sehr religiös sein – Du weißt ja, ich bin es nicht besonders –, um sie zu schätzen. Im ersten Buch, der Genesis, wird die Geschichte von Esau und Jakob, den Söhnen Isaaks, erzählt. Sie waren Zwillinge, aber Esau wurde zuerst geboren, wodurch er das Erstgeburtsrecht erhielt. Erstgeborener zu sein war in diesen Zeiten nicht ohne Bedeutung, weil damit verbunden war, dass man eines Tages den gesamten Besitz und alle Privilegien des Vaters erbte. Esau ging gerne auf die Jagd und wollte was erleben, während Jakob lieber zu Hause blieb und ab und zu etwas Köstliches kochte. Einmal kehrte Esau müde und hungrig vom Feld zurück. Jakob hatte einen leckeren Linseneintopf gekocht, und seinem Bruder, kaum hatte er das Essen gerochen, lief das Wasser im Mund zusammen. Er verspürte große Lust mitzuessen und bat Jakob darum, ihn einzuladen. Der Bruder meinte: »Sehr gerne, aber nicht umsonst, sondern im Austausch für das Erstgeburtsrecht.« Esau dachte: »Worauf ich jetzt Lust habe, sind die Linsen. Das Erbe meines Vaters werde ich

irgendwann in der Zukunft antreten. Wer weiß, womöglich sterbe ich noch vor ihm!« Und er stimmte zu, seine zukünftigen Rechte als Erstgeborener gegen die schmackhaften Linsen der Gegenwart zu tauschen. Sie müssen fürchterlich gut gerochen haben, diese Linsen! Selbstverständlich bereute er das schlechte Geschäft, sobald er sich den Bauch vollgeschlagen hatte, was zu ziemlichen Problemen unter den Brüdern führte.

*Fernando Savater**

- *Esau wollte unbedingt den Linseneintopf essen und am Ende steht er ohne Erbe da. Haben Sie Verständnis dafür? Begründen Sie Ihre Meinung.**
- *Gibt es einen Zusammenhang zwischen der Geschichte und dem Comic? Warum? Warum nicht?*

Die Schlemmerei

Die mittelalterliche Theologin und Philosophin Hildegard von Bingen* hat in ihrem »Buch der Lebensverdienste« (Liber vitae meritorum) verschiedene Tugenden* und Untugenden beschrieben. Als eine der größten Untugenden des Menschen bezeichnet sie die Schlemmerei.

Über Menschen, die einen vollen Bauch lieben, ist zu sagen, dass ihr Bauch ihr Gott ist, weil sie nämlich all ihr Sinnen und all ihre Sorgfalt wie auch ihr ganzes Sehnen auf einen vollen Bauch richten. Ihr ganzes Planen richtet sich nur noch auf dieses eine Wollen, da sie all ihr Tun der Schlemmerei ihres Bauches preisgeben.

Hildegard von Bingen

- *Gestalten Sie ein Standbild* zum Begriff des Schlemmens.*
- *Warum ist das Schlemmen so verführerisch?*
- *Schreiben Sie ähnlich wie Hildegard einen Miniaturtext* zum Thema »übermäßiges Trinken«.*

Begriffskasten

Beim Essen und Trinken treffen Leib und Geist, Natur und Kultur, Individualität und Sozialität, Ökonomie und Medizin … das Böse und die Vernunft zusammen.

Andreas Brenner, Jörg Zirfas, zeitgenössische deutsche Philosophen

- *Wählen Sie ein Beispiel aus, z. B. den Gänsebraten zu Weihnachten, und zeigen Sie daran die von Brenner und Zirfas angeführten verschiedenen Aspekte von Essen und Trinken.*

Wohnen – ein Zuhause haben

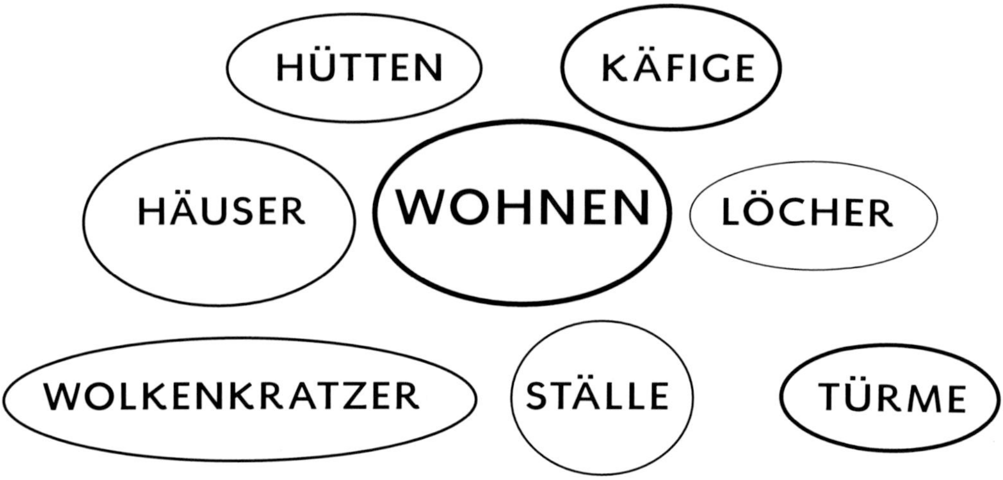

- *Assoziieren Sie zum Thema »Wohnen« anhand des Clusters. Schreiben Sie eine kleine Geschichte, ein Elfchen* oder malen Sie ein Bild.*

Eine eigene Wohnung mit 16?

Jennifer ist sauer auf ihre Eltern. Ihr Vater hat einen neuen Job bekommen und deshalb muss die Familie in eine andere Stadt umziehen. Jennifer will aber die 10. Klasse in der alten Stadt beenden, aber damit sind ihre Eltern nicht einverstanden: »Wie stellst du dir das vor?« fragt ihre Mutter besorgt. »Du müsstest allein in eine eigene Wohnung ziehen, denn wir haben keine Verwandten in der Stadt. Und da du noch nicht 18 bist, stimmen wir auf keinen Fall zu.«

Jennifers Vater ist auch absolut dagegen. »Wir tragen als Eltern die Verantwortung für dich und außerdem kostet eine Wohnung ziemlich viel Geld. Das können wir uns finanziell gar nicht leisten. Es geht ja nicht nur um die Wohnung. Hinzu kommen ja auch Kosten für das Telefon, für Elektrizität und Heizung. Wer soll das bezahlen?«

»Ich kann ja arbeiten gehen«, sagt Jennifer trotzig.

»Kommt überhaupt nicht in Frage«, antwortet ihre Mutter. »Darunter leiden dann deine Leistungen in der Schule.«

»Ich krieg beides unter einen Hut!«, sagt Jenny wütend und geht in ihr Zimmer.

- *Wie beurteilen Sie Jennys Problem?*
- *Können junge Leute mit 16 schon allein in eine eigene Wohnung ziehen? Sammeln Sie Pro- und Contra-Argumente und führen Sie dann ein Streitgespräch in der Klasse.*

Wohnungen zu vermieten

Wohnungen zu vermieten
Die Größe ist verschieden.
Diese hier ist für Stare,
doch bitte nur Paare!

Wohnungen zu vermieten!
Die Lage ist verschieden.
Die Meise, stets bescheiden,
mag`s überall gut leiden.

Wohnungen zu vermieten!
Der Eingang ist verschieden.
Einen schmalen Spalt im Haus
erbittet sich die Fledermaus.

Nichts mehr frei? Nichts mehr frei!
Da nützt auch kein Geschrei
Die Spatzen rufen Weh und Ach
und ziehen heimlich unters Dach.

Reiner Kunze,
zeitgenössischer deutscher Lyriker

- *Setzen Sie anstelle der Tiere verschiedene Menschentypen ein. Was ändert sich dann an dem Gedicht?*
- *Wie stellen Sie sich Ihre künftige Wohnung vor? Machen Sie einen zeichnerischen Entwurf oder schreiben Sie eine Geschichte dazu. Sprechen Sie anschließend in der Klasse darüber, warum Wohnen zu den Grundbedürfnissen des Menschen gehört.*

Sich (ver)kleiden

Die Jeans-Generation

Jeans sind mit Träumen verbunden. Ich wollte immer ein Cowboy sein, und die Kleidung, die Jeans war ein Teil davon. Aber kann man ein echter Cowboy sein, wenn man im Süden Frankreichs lebt? Sehr authentisch ist das nicht. Nein, es war eher Manipulation. Meine Generation war manipuliert durch Werbung, Filme, Coca-Cola: der American Dream als Karawane der Werbung. Wir sind mit dem John-Wayne-Komplex[1] aufgewachsen.

François Girbau,
Erfinder der Stonewashed Jeans
Welt am Sonntag vom 19. Februar 2006

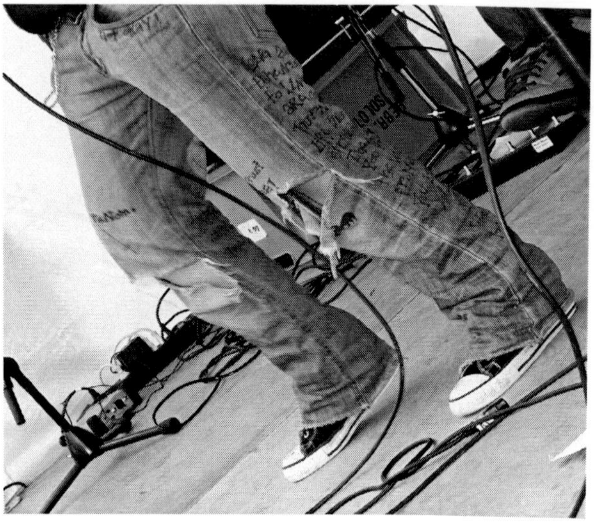

Für mich sind Jeans Kult. Sie betonen die Figur und geben das Gefühl der Verbundenheit mit anderen.

Mandy, 14 Jahre

Jeder coole Typ trägt Jeans. Sie sind praktisch, gehen nicht so schnell kaputt und müssen nicht so oft gewaschen werden.

Oliver, 15 Jahre

(1) amerikanischer Filmwesternheld

- *Und was meinen Sie dazu? Warum tragen junge Leute gern Jeans? Unternehmen Sie einen Galeriespaziergang* zu diesem Thema und werten Sie ihn anschließend aus.*

Begriffskasten

Kleidung hat eine natürliche und praktische Funktion: Wir wollen unseren Körper schützen und uns bequem fühlen. Darüber hinaus hat Kleidung aber auch eine ästhetische Funktion: Wir kaufen Sachen, die auch für das Auge attraktiv sind … Qualität und Stil der Kleidung sagen auch etwas über die Person aus, die sie trägt.

Konstantin Kolenda, amerikanischer Philosoph*

- *Interpretieren Sie den letzten Satz.*

Über den Brauch, Kleider zu tragen

Ein Mann sah mitten im Winter einen Bettler im bloßen Hemde dastehen, der aber so guter Dinge war wie einer, der bis über beide Ohren in Marderpelze eingemummt ist. Auf die Frage, wie er das denn aushalten könne, antwortete er: »Und ihr, mein Herr, habt das Gesicht ja völlig nackt. Ich bin eben ganz Gesicht.«

In der zur Zeit so frostigen Jahreszeit fing ich an, darüber nachzudenken, ob die bei den kürzlich entdeckten Völkern beobachtete Gewohnheit, völlig nackt zu gehen, von der heißen Lufttemperatur erzwungen wurde, wie wir es von den Indianern und den Mohren behaupten, oder ob die Menschen ursprünglich insgesamt so herumliefen. Da alle Dinge unterm Himmel, wie die Heilige Schrift sagt, ein und denselben Gesetzen unterliegen, pflegen kluge Kopfe bei dergleichen Überlegungen, wo man die natürlichen von den später hinzuerfundenen Regeln unterscheiden muss, sich an die große Weltordnung zu halten, in der es nichts Künstliches gibt.

Wenn nun alles andre sich in der Tat zu seiner Daseinserhaltung hinlänglich mit Nadel und Faden versorgt sieht, ist es doch höchst unglaubwürdig, dass man allein uns in einem unvollkommenen und bedürftigen Zustand in die Welt gesetzt hätte und wir uns ohne fremde Hilfe nicht erhalten könnten. Deshalb bin ich überzeugt, dass so wie die Pflanzen, die Bäume, die Tiere und alle übrigen Lebewesen von Natur aus mit einer hinreichenden Bedeckung gegen die Unbilden der Witterung ausgestattet sind, mit Seide, Hornhaut oder Leder, mit Perlmutt, Panzer oder Feder, auch wir es ehedem waren – aber gleich jenen, die mit künstlichem Licht das des Tages löschen, mit erborgten Mitteln unsre eigenen gelöscht haben; und es ist leicht zu erkennen, dass nur der Brauch uns Dinge unmöglich macht, die es an sich nicht sind; denn unter den Völkern, die keine Kleider kennen, gibt es solche, die in einem dem unseren ungefähr gleichen Klima leben, ja, unter einem noch vielraueren; und überdies sind gerade unsre empfindlichsten Körperteile stets unbedeckt: die Augen, der Mund, die Nase, die Ohren und bei den Bauern wie bei unsren Vorfahren Brust und Bauch.

Michel de Montaigne, französischer Philosoph*

- *Wozu haben die Menschen Ihrer Meinung nach Kleider erfunden?*
- *Wie beurteilen Sie die Ansicht Montaignes, dass die Menschen die empfindlichen Körperstellen gerade nicht bedecken?*

Schulkleidung – Pro und Contra

Klamotten-Terror in der Schule?

»Als hätte auf seiner Stirn gestanden: ›Schlag mich‹, sagt seine Mutter. Irgendwann hatten sich alle in der Klasse auf Lukas eingeschossen, sogar die Mädchen. ›Fette Sau‹, riefen sie. Und: ›Deine Klamotten sehen scheiße aus!‹«

Der Junge trug die »falschen« Sachen. No-Name-Zeug vom Schlussverkauf und Wochenmarkt statt coole Teile von New Yorker oder Adidas. Wenn seine Mutter fragte, woher die blauen Flecken und Schürfwunden stammten, murmelte er nur: »Ich hab mich gestoßen.« …

Lukas wurde immer stiller – und immer dicker. Er stopfte Süßigkeiten in sich hinein, legte binnen zwei Jahren um 35 Kilo zu und wog mit 14 fast 100 Kilo. »Ein Frustfresser«, sagt seine Mutter. Er brauchte ständig neue Kleider und neue Schuhe, weil die alten durchgelatscht waren. Seine Mutter kaufte Sonderangebote für 20 Euro. »Ich kann nicht 200 Euro für Turnschuhe ausgeben«, sagt sie. »Und selbst wenn ich sie hätte, würde ich es nicht tun« …

Lukas hat die Schule inzwischen verlassen und ist jetzt in eine neue Klasse gekommen. In seiner Klasse gibt es keinen Kleiderterror. Denn alle tragen das Gleiche. Polohemden oder T-Shirts mit dezentem Logo der Schule auf der Brust, dunkelblau oder weiß, dazu Trainingsjacken mit Doppelstreifen am Ärmel, Kapuzen- oder weiße Fleecejacken. 25 Euro kostet die Jacke, 7 Euro ein T-Shirt. Das ist drin im Etat der Mutter. »Die neue Schule tut ihm gut«, sagt die Mutter …

Der Stern, Nr. 43/2005

- *Warum legen Jugendliche viel Wert auf modische Kleidung, insbesondere Markensachen?*
- *Ist Kleidung Ausdruck einer persönlichen Note? Begründen Sie Ihre Meinung.**
- *Was halten Sie von einheitlicher Schulkleidung? Sammeln Sie Gründe dafür und Gründe dagegen und erarbeiten Sie dazu eine Standpunktrede*. Lesen Sie dazu auch das folgende Interview.*

Einheit schafft nicht Identität

Schuluniformen sorgen nicht automatisch für eine bessere Schule. Einheitskleidung kann nur dann das Schulklima positiv beeinflussen, wenn Lehrer, Eltern und Schüler sich gemeinsam darauf einigen, sagt der Vorsitzende des Bundeselternrats Wilfried Steinert.

Frankfurter Rundschau: *Was halten Sie von einheitlicher Schulkleidung?*
Wilfried Steinert: Eigentlich ist es schön, wenn Schüler im T-Shirt mit hübschem Logo signalisieren, dass sie sich mit ihrer Schule identifizieren. Dazu kann aber keiner gezwungen werden. Denn wer sich nicht damit identifiziert, für den wird es Überwindung kosten, so ein T-Shirt zu tragen. Umgekehrt können wir aber auch daraus lernen: Kinder identifizieren sich gerne mit den Dingen, die für sie wichtig sind.

Kann eine Schuluniform helfen, Integrationsprobleme an den Schulen zu lösen?
Natürlich nicht. Eine Schülerin trägt doch ein Kopftuch oder die Burka[1], weil sie sich damit identifiziert. Und nun steht sie in einem Interessenskonflikt: Wenn die Schule eine Uniform fordert, womit soll sie sich dann identifizieren? Im Grunde genommen, müssen wir als Schule erreichen, dass die Schüler ihre eigene Identität ausbilden. Und genau deshalb greift die Debatte um Schulkleidung auch viel zu kurz: Ziel muss doch sein, Schülerinnen und Schüler zu stärkeren Persönlichkeiten zu erziehen. Und das heißt auch, sie entscheiden zu lassen. Dann werden sie vielleicht gerne bei einem Schulfest die T-Shirts der Schule anziehen und bei anderer Gelegenheit eben doch in ihrer individuellen Kleidung kommen.

Könnte denn ein Einheits-Dress den Drang nach teuren Markenklamotten vermindern und somit für eine gewisse soziale Ausgewogenheit an der Schule sorgen?
Nein, ganz und gar nicht. Freundes-Cliquen zum Beispiel ziehen gern die gleichen Klamotten an, weil sie ihre Zusammengehörigkeit damit verdeutlichen. In dem Moment aber, wo dieses von oben verordnet wird, funktioniert es nicht mehr. Dann bringen die Kinder und Jugendlichen ihre Identität auf anderem Wege zum Ausdruck – entweder durch eine besondere Haarfrisur oder Tattoos oder Piercing oder Handys und Uhren.

(1) Ganzkörperschleier; nur die Augenschlitze sind frei

Frankfurter Rundschau vom 11. Juni 2006

- *Schulkleidung könnte für muslimische Schülerinnen zu einem Interessenkonflikt führen. Wie ließe sich dieses Problem lösen?*
- *Stimmen Sie zu, dass einheitliche Schulkleidung nicht automatisch für eine bessere Schule steht? Begründen Sie Ihre Auffassung.*
- *Stellen Sie sich vor, Sie sollten für Ihre Schule ein Logo entwerfen? Was würden Sie vorschlagen? Fertigen Sie eine Skizze dazu an.*

3. ERWACHSEN WERDEN

Junge oder Mädchen sein

Mädchen interessieren sich nur für Mode.

MÄDCHEN SIND STREBER IN DER SCHULE.

Mädchen sind zickig.

Mädchen interessieren sich nicht für Technik.

Mädchen stehen auf Softdrinks

Mädchen wissen immer, was sie wollen.

JUNGEN SITZEN DAUERND AM COMPUTER.

Jungen sind zu faul zum Lernen und kriegen später bessere Jobs als Mädchen.

JUNGEN SIND MAMIS LIEBLING.

Jungen müssen fast nie im Haushalt helfen.

Jungen wollen immer die Größten sein, richtige Machos.

Jungen müssen sich immer mit Alkohol zuknallen.

- *Ergänzen Sie diese Aussagen.*
- *Welche der Aussagen treffen Ihrer Meinung nach zu und welche nicht? Begründen Sie Ihren Standpunkt.*
- *Welche Aussagen würden Sie als Klischees bezeichnen? Beschäftigen Sie sich mit dem Begriff Klischee.*
- *Unternehmen Sie zum Thema »Jungen und Mädchen« einen Galeriespaziergang* und werten Sie die Ergebnisse in der Klasse aus.*

Schönheit – nur was für Mädchen?

Die Mager-Models

Falsches Schönheitsideal treibt immer mehr junge Frauen in die Magersucht.

Nicht nur Männer liegen ihnen zu Füßen: Victoria Beckham (32), Nicole Richie (24), Keira Knightley (21). Auch Millionen junger Mädchen schwärmen davon, einmal so auszusehen wie ihre superdünnen Vorbilder aus Hollywood oder vom Laufsteg. Eine gefährliche Wunschvorstellung. Für eine 18-jährige Schülerin aus München endete der Kampf um die überschüssigen Kilos jetzt sogar mit dem Tod. Bis auf 28 Kilo hungerte sie sich ab, um die »Traumfigur« der Schauspielerin Keira Knightley (»Fluch der Karibik II«) zu erreichen.

Und obwohl auch die Topmodels in den vergangenen Jahren immer dünner wurden, bestehen Jil Sander (62) und andere Trendsetter aus der Branche weiterhin auf dem Mager-Look. Doch erstmals formiert sich in der glitzernden Welt der Schönen jetzt Widerstand.

Bei der Mode-Show »Pasarela Cibeles« in Madrid wurde ein Laufstegverbot für allzu dünne Mannequins durchgesetzt. Models, die nicht den Mindestwert 18 auf der Skala des sogenannten Body-Mass-Index erreichen, wurden von der Show ausgeschlossen.

Für Claudia Midolo, Geschäftsführerin der Hamburger Modelagentur Modelwerk, ist dieser Schritt längst überfällig. »Ich finde es gut, dass endlich etwas gegen diesen alienhaften Look unternommen wird.«

Hamburger Abendblatt vom 20. September 2006

- *Warum stehen Jugendliche auf den Mager-Look?*
- *Wie beurteilen Sie die Entscheidung, keine abgemagerten Mädchen mehr auf den Laufsteg zu lassen? Lesen Sie hierzu auch die Seiten 56 ff. in diesem Buch.*
- *Wer bestimmt das Schönheitsideal einer Gesellschaft?*

Schönheit als Produkt der Massenmedien?

Die Auffassungen von Schönheit und der dazugehörigen Produkte wie Make-up, Parfüms, Schmuck, Mode usw. werden weltweit durch die globalen Medien verkauft (Fernsehen, Radio, Zeitungen, Magazine, Kino, Musik). Das Ziel ist es, eine Vorstellung von Schönheit zu schaffen, die zu einem Teil der Kultur wird, mit eigenen Werten, Gefühlen und Wünschen, die vom Bewusstsein und vom Unterbewusstsein aufgenommen werden. Das kulturelle und politische Unterbewusstsein ist nicht vom Bewusstsein getrennt. Die Beziehung zwischen Kultur, Politik und Wirtschaft ist von großer Bedeutung. Dies spielt nicht nur eine Rolle für die wirtschaftlichen und politischen Prozesse, innerhalb derer sich eine Kultur definiert, sondern auch für die psychologischen Prozesse, die die Entstehung und Auffassung von Kultur beeinflussen. Ich erinnere mich an eine Französin, die 1993 zu mir kam und die muslimischen Frauen dafür kritisierte, dass sie sich verschleierten. Diese Französin hatte eine dicke Make-up-Schicht in ihrem Gesicht, doch ihr war in keiner Weise bewusst, dass auch dies eine Art Schleier war. Der Schleier dieser Französin wurde von den globalen Medien als modern und schön betrachtet, der andere Schleier hingegen galt als hässlich und rückständig. Tatsächlich erfüllen beide Schleier den gleichen Zweck: Sie verbergen das wahre Gesicht der Frau.

Nawal El Saadawi, ägyptische Philosophin und Frauenrechtlerin*

- *Stimmen Sie El Saadawi zu, dass Schönheit ein Produkt der Massenmedien ist? Begründen Sie Ihren Standpunkt.*
- *Wie beurteilen Sie den Vergleich zwischen einem verschleierten Gesicht und einem mit Make up zugekleisterten Gesicht?*
- *Wie stehen Jungen zur Schönheit? Ist das nur ein Thema für Mädchen? Führen Sie dazu ein Streitgespräch.*

Begriffskasten

Mann und Frau sind, wohin wir auch blicken, nicht nur verschieden, sondern ergänzen einander so gut, dass sie zusammen beinahe allmächtig sind: Herren des Lebens und Urheber ihres Überlebens, ihrer Freuden und der notwendigen affektiven (gefühlsmäßigen) Wärme, ohne die das Humane (Menschliche) verkümmert.

Élisabeth Badinter, zeitgenössische französische Philosophin*

- *Warum verkümmert das Menschliche ohne affektive Wärme?*
- *Schreiben Sie einen Aphorismus über Mann und Frau in Bezug auf die Schönheit und vergleichen Sie Ihre Ideen anschließend in der Klasse.*

Computer und Technik – nur was für Jungen?

Kinder der Generation Digital

Dennis Schellhaase ist aus Gelsenkirchen nach Singapur gereist, um mit Mann und Maus für Deutschland zu kämpfen. Der 22-jährige Informatikstudent spielt Fußball – am PC. Er und 22 Gleichgesinnte bilden das Deutsche Nationalteam bei der fünften Weltmeisterschaft im Computerspielen, den World Cyber Games.
Der 21-jährige Kamil Sleczek studiert Maschinenbau in Karlsruhe und spielt »Counterstrike« : Gemeinsam mit vier anderen Deutschen versucht er, die Gegner zu eliminieren. Die Diskussionen um das umstrittene Spiel hält er für überflüssig: »Es geht bei diesem Spiel um taktisches Denken und Kommunikation im Team.« Die Bluteffekte in der Grafik schaltet er aus; sonst ist es zu langsam.
Vor 600 Monitoren sitzen Spieler aus der Türkei, den USA, dem Iran und 63 anderen Nationen, sie kämpfen in acht verschiedenen Spielen um ein Gesamtpreisgeld von 435000 Dollar. Sie sind Kinder der Generation Digital – mit ihnen ist die PC-Spiele-Industrie groß geworden und hat es 2004 weltweit auf 18,8 Milliarden Dollar Umsatz gebracht. »So, wie man sich früher zum Schach traf ...«, sagt Ogün Agkündüz aus Ankara, »so spielt man heute PC-Spiele im Internet.« Kamil und Ogün reden dabei über Online-Telefone und finden so Gegner und Freunde in Hamburg, Hongkong oder Hawaii.
Kamil Sleczek und sein Team schaffen es leider nur bis ins Halbfinale. Im Finale am Sonntagabend unterstützen sie dann aber natürlich Dennis Schellhaase, der es als einziger Deutscher soweit geschafft hat. Auf einer Bühne sitzt er eingeklemmt in einer Box und spielt »Fifa 2005« gegen Wiktor Gusew aus St. Petersburg – und wird tatsächlich Weltmeister.

Die Welt vom 22. November 2005

- *In dem Nationalteam war kein einziges Mädchen. Worauf führen Sie das zurück?*
- *Warum spielen Mädchen weniger am Computer als Jungen?*
- *Was müsste sich am Informatikunterricht ändern, damit auch Mädchen Computerfreaks werden?*

»Die Wüste Internet«

Berufliche und private Sphäre verbinden sich im Internet, auch ist dessen euphorische Ankündigung als Medium für eine umfassende »Kommunikationsgesellschaft« irreführend. Zum größten Teil handelt es sich um reine Information, und wenn darüber hinaus Gesprächsrunden unter Internet-Benutzer/innen propagiert werden, so kann dies nicht darüber hinwegtäuschen, dass bei der erforderlichen Reaktionsgeschwindigkeit weder gründliches Argumentieren noch ein tieferer emotionaler Austausch möglich sind. Unnötig hinzuzufügen, dass es sich bei den rege benutzten Angeboten von »virtuellem Sex« gerade nicht um mitmenschliche Kommunikation handelt.

Es ist vielmehr zu erwarten, dass Computer- und Internet-Fans an sozialer Kompetenz mehr verlieren als gewinnen, wozu eine Studie der American Psychological Society vorliegt. Sie diagnostiziert unter anderem den Suchtcharakter exzessiver Medienbenutzer, was bis zur Unfähigkeit normaler Berufsausübung und zum Verlust sozialer Beziehungen führt.

Im Unterschied dazu scheinen die Normalverbraucher, die einer regelmäßigen Arbeit nachgehen, die zunehmende »Verkopfung« der Arbeitsprozesse als Störung in der Balance zwischen körperlicher, emotionaler und intellektueller Aktivität zu empfinden. Sonst würden nicht so viele junge Menschen einen Ausgleich in gesteigerten sinnlichen Erfahrungen – etwa im Risikosport, in Techno- und Ecstasy-Parties und anderen rauschhaften Gruppenerlebnissen – suchen. Seit Kurzem gibt es auch kritische Stimmen unter den Computerfachleuten selbst. Clifford Stoll als Insider der ersten Stunde und Mitbegründer der multimedialen Vernetzung in den USA, zeichnet in seinem Buch »Die Wüste Internet« ein sehr ernüchterndes Bild. Aus technischer Sicht beklagt er die rasche Verstopfung der Datenautobahn, die er nicht für eine Kinderkrankheit, sondern auch bei weiterem Ausbau für eine Dauererscheinung hält, vergleichbar mit den Verhältnissen auf dem realen Autobahnnetz. Dazu die Schwierigkeiten des Datenschutzes und nicht zuletzt die Kurzlebigkeit der Systeme und Informationsträger, die mit den jahrhundertealten Beständen von Bibliotheken nicht zu vergleichen seien. Als Wissenschaftler und Pädagoge sieht er im Überangebot von Informationen eher ein Hindernis für kreatives Arbeiten, weil die riesige Informationsflut, die keinerlei Kriterien für die Differenzierung in Wichtiges und Unwichtiges liefert, kaum noch verarbeitet werden kann.

Schließlich kommt Stoll als Mensch, der 15 Jahre intensiv »on-line« war, zu der Überzeugung, dass die neuen Welten, die uns das Internet verspricht, nur ein armseliger Ersatz für das reale Leben sind: »Es ist eine hochgejubelte, inhaltsleere Welt, der jede Wärme und Mitmenschlichkeit fehlt. Die vielgepriesene Informations-Infrastruktur geht an den meisten sozialen und wirtschaftlichen Zeitfragen vorbei. Gleichzeitig bedroht sie wertvolle Bestandteile unseres gesellschaftlichen Lebens wie Schulen, Büchereien und soziale Institute.«

Jedenfalls kann eine Rechnung nicht aufgehen, die den Menschen in eine riesige Dienstleistungsmaschine einbaut und seine grundlegenden vitalen und emotionalen Bedürfnisse missachtet. Dies gilt im besonderen für Dienstleistungen im sozialen Bereich. So brauchen Schüler/innen, Lehrlinge und Studierende vor allem Lehrpersonen, die physisch und psychisch präsent sind und die jungen Menschen ernst nehmen. Reine Informationsvermittlung wäre durch immer raffiniertere Lehrmaschinen zur Not noch ersetzbar, obwohl sie, wie die überall leerstehenden Sprachlabors zeigen, schnell ihren Reiz verlieren. Dagegen sind Menschen als Lehrende, die in großen Zusammenhängen denken und ihre emotionale Anteilnahme an den Kreationen von Natur und Kultur vermitteln können, unersetzlich.

Carola Meier-Seethaler, zeitgenössische deutsche Psychologin und Philosophin

- *Welche Gefahren sieht Carola Meier-Seethaler in der weiteren Digitalisierung der Gesellschaft?*
- *Was sagen Sie zu der Behauptung: Mädchen sitzen weniger am Computer, weil sie gefühlsbetonter als Jungen sind?*

Werte entwickeln

Meine persönlichen Werte

René Magritte:
Die persönlichen Werte
(1951/52)

Markenklamotten kaufen / am Computer spielen / anerkannt werden / Mountainbike fahren / Freunde haben / gesund sein / Familie haben / an etwas glauben / verreisen / Abenteuer erleben / einen Ausbildungsplatz bekommen / ???

- *Welche persönlichen Werte haben Sie? Entwerfen Sie eine Skizze mit Ihren wichtigsten drei Werten nach dem Vorbild von Magritte. Legen Sie Ihre Skizzen anschließend in einen Kreis und erraten Sie gegenseitig Ihre wichtigsten Werte.*
- *Sprechen Sie in der Klasse darüber, warum Menschen unterschiedliche Werte haben.*

Begriffskasten

Das Wort »Wert« hat etwas mit dem Adjektiv wertvoll zu tun. Werte legen also fest, was für einen Menschen oder eine Gruppe von Menschen wertvoll ist und deshalb im Leben als erstrebenswert gilt. So kann zum Beispiel ein Mountainbike wertvoll für mich sein oder eine tolle Reise.
Die Ethik beschäftigt sich mit verschiedenen Gruppen von Werten. So gibt es beispielsweise die Gruppe der sozialen Werte wie z. B. Solidarität, die Gruppe der ideellen Werte wie z. B. Mut, die Gruppe der religiösen Werte wie z. B. Glaube oder die Gruppe der materiellen Werte wie Mofas.

- *Ordnen Sie die o. g. Werte den verschiedenen Gruppen zu.*

Fantasie – ein Wert mit Zukunft?

Als die Bundeswehr Mitte der 90er Jahre auf dem Balkan in ihren ersten Auslandseinsatz zog, wurden nur Berufs- und Zeitsoldaten berücksichtigt. Schon nach wenigen Wochen stellte erstmals ein Soldat während eines Einsatzes den Antrag auf Kriegsdienstverweigerung. So hatte er sich den Ernstfall wohl nicht vorgestellt. Hatte er ihn sich überhaupt vorgestellt?

»Wenn einer keine Angst hat, so hat er keine Fantasie«, schreibt Erich Kästner. Vielleicht ist es auch so: Wer keine Angst haben möchte, unterdrückt die Fantasie. Vor dem Kernkraft-GAU von Tschernobyl wollte sich einfach niemand vorstellen, welch katastrophale Auswirkungen ein solcher Vorfall hätte. Ja selbst dass der Ernstfall überhaupt eintreten könnte, wurde – nicht nur von den Betreibern – negiert.

Verbindung von Fantasie und Vernunft: Leonardo da Vinci (1452–1519)

Die Fantasie bietet uns zwei wichtige Möglichkeiten: Sie gestattet uns, visionär zu denken, und sie bereitet damit den Boden für immer neue verstandesmäßige Entdeckungen. Das hatte Einstein im Sinn, als er sagte: »Fantasie ist wichtiger als Wissen«. Die Fantasie befähigt uns im Verbund mit unserer Erfahrung aber auch, eventuelle negative Folgen und Fehlentwicklungen in der Zukunft vorzustellen, um der Entwicklung Einhalt gebieten zu können. Da sind wir an einem entscheidenden Punkt. Die Fantasie ist ein wesentlicher Bestandteil des Menschseins. Dies betonen vor allem die Künstler. Nur: Überall da, wo Fantasie in Handeln umgesetzt wird, muss sie zwingend mit der Vernunft gepaart und an der Realität überprüft werden. Schließlich beweist nicht nur die Menschheitsgeschichte, sondern weiß jeder aus eigener Erfahrung, dass es auch durchaus negative Fantasien und negative Folgen von Fantasien gibt.

Klaus Waller, Journalist

- *Warum ist Fantasie für Klaus Waller ein wichtiger Wert?*
- *Nennen Sie Beispiele für positive und negative Folgen von Fantasie.*
- *Stellen Sie sich vor, Sie sollten Ihrem kleinen Bruder oder Ihrer kleinen Schwester einen Spruch ins Poesiealbum schreiben – erfinden Sie einen Spruch über den Wert der Fantasie.*

Liebe empfinden

Himmlische und irdische Liebe

Die gütige Liebe
aus heiliger Barmherzigkeit
vertreibt eitle Ehre
und böse Krankheit.

Tiziano Vecelli: Himmlische und Irdische Liebe (um 1515), Ausschnitt

Die gebundene Liebe
in heiliger Gewohnheit
ruht nimmer und lebt in sich
doch ohne Mühseligkeit.

Die wahre Liebe aus göttlicher Weisheit
bringt Sättigung und verzehrt
unrühmliche Begierlichkeit.

Von der beständigen Liebe
aus guten Sitten
wird keine Falschheit gelitten.
Die große Liebe der kühnen Tat
weiß an allen Dingen guten Rat.

Die erfahrene Liebe von Gottes Vertraulichkeit
blendet die Erde ohne Beschwerlichkeit.

Die rufende Liebe aus edler Ungeduld
schweigt nimmer und hat selig vergessen alle Schuld.

Die herrliche Liebe,
von großer Gewalt,
verjüngt die Seele,
wird der Leib auch alt.

Die verkündende Liebe,
von Gott belehrt,
neigt sich noch zum Kinde
unbeschwert.

Die verborgene Liebe
birgt teuren Schatz
des guten Willens
in heiliger Tat.

Die liebreiche Liebe in offener Gabe
vertilgt des bitteren Herzens Klage.

Die klare Liebe von spielender Flut
bereitet der Seele süße Not,
sie tötet sie auch ohne Tod.

Die plötzlich entfachte Liebe aus Übermacht ist die,
die niemand zu deuten vermag.

- *Beschreiben Sie beiden Formen der Liebe auf dem Bild von Tizian und ordnen Sie ihnen einige der Aussprüche der Philosophin Mechthild von Magdeburg* zu, die über 1000 Jahre alt sind.*
- *Welche der von ihr beschriebenen Liebesarten würden Sie auch noch für die Gegenwart als wichtig ansehen und welche nicht? Begründen Sie Ihre Auswahl.*
- *Lassen sich die verschiedenen Arten noch ergänzen? Unterbreiten Sie schriftlich Vorschläge.*
- *Warum lässt sich die »plötzlich entfachte Liebe aus Übermacht« nicht deuten?*

Liebe ist ein unbeschreibliches Gefühl

Das Gedicht

Saskia hat sich in Rob verliebt, und ihre beste Freundin Katrin auch. Stündlich wartet Saskia auf ein Zeichen von Rob, der ihr in der Klasse auch schon verstohlene Blicke zugeworfen hat. Als sie nach Hause kommt, findet sie im Briefkasten einen roten Briefumschlag.

Irgendwie finde ich die Aussicht auf diesen Wettkampf um Rob zwischen Katrin und mir auch ganz spannend. Dass ich dabei nicht mit offenen Karten spiele, ist zwar nicht fair; aber ich kann mir gut vorstellen, dass sich Katrin an meiner Stelle ähnlich verhalten würde.

Ich schließe die Haustür auf und hole die Post aus dem Briefkasten. Ein roter Umschlag ist dabei, der an mich adressiert ist. Die Handschrift kommt mir bekannt vor. Weil der Absender fehlt, reiße ich neugierig den Umschlag auf, hole den Brief raus und falte ihn auseinander. Ein Blick auf die ersten Zeilen – und ein Aufzug mit Raketenantrieb katapultiert mich aus dem dunklen Hausflur in den siebten Himmel. Was ich da lese, ist ein Liebesgedicht, das Rob für mich geschrieben hat. Er schwärmt von meinen Haaren, meinen Augen und meinen Lippen. Dann behauptet er, mein Aussehen sei kein falsches Versprechen, weil mein Inneres mindestens genauso schön sei wie mein Äußeres. Und am Schluss schreibt er, wie sehr er sich nach mir sehnt. Ich lese das Gedicht ein paar Mal hintereinander, weil ich nicht glauben kann, was da steht. Ich habe ja schon jede Menge Komplimente von Jungs gehört, aber das hier ist absoluter Wahnsinn! Er muss dieses Gedicht gestern Nachmittag geschrieben haben. Jetzt weiß ich, dass der Moment im Beethovenhaus für uns beide die gleiche Wirkung hatte.

Als ich oben in der Wohnung ankomme, kann ich Robs Verse schon auswendig. Es ärgert mich ein bisschen, dass er seinen Namen nicht darunter geschrieben hat.

Ich gehe in die Küche, hole einen Joghurt aus dem Kühlschrank und setze mich an den Tisch. Dann überfliege ich wieder das Gedicht. Der Wettkampf ist also entschieden, bevor er richtig beginnen konnte. Ist vielleicht auch besser so. Ich kann mir irgendwelche faulen Tricks gegen Katrin also sparen. Dass ich ihr heute Morgen mein Interesse an Rob verschwiegen habe, werde ich damit erklären, dass er mir zu diesem Zeitpunkt noch gar nichts bedeutet hätte. Erst sein Gedicht hätte mich dazu gebracht, ihn mit andern Augen zu sehen. Die Frage ist nur, wie ich mich morgen Rob gegenüber verhalten soll. Warum ist der Kerl bloß so schüchtern? Aber im Grunde finde ich das ganz sympathisch. Rob, die Jungfrau. Wenn ich mir vorstelle, dass ich das erste Mädchen sein werde, das er küsst … Doch so weit sind wir leider noch nicht. Seufzend greife ich zum Joghurtbecher und will die Lasche aufreißen, als das Telefon klingelt. Das ist bestimmt Rob!, denke ich erschrocken. Er will wissen, ob mir das Gedicht gefallen hat. Oder würde er sich das nicht trauen?

Ich gehe in den Flur, atme unterwegs noch einmal tief durch und melde mich mit einigermaßen normaler Stimme. »Na, du treulose Tomate?«

Es ist Alex. Ich bin enttäuscht und gleichzeitig erleichtert. Eigentlich bin ich Jungs gegenüber nicht besonders verlegen, aber bei Rob ist das anders. Vielleicht ist Schüchternheit ansteckend. »Hat dir deine Mutter nicht ausgerichtet, dass ich schon öfter angerufen habe?«

»Doch, hat sie«, antworte ich mürrisch. Ich hab jetzt keine Lust mit Alex zu reden.

»Warum hast du dich denn nicht mal gemeldet?« Ganz schön blöd von mir, dass ich ihn am Samstag im Hofgarten geküsst habe. Jetzt macht er sich wieder Hoffnungen. »Was ist denn los? Ärger in der Schule?« »Quatsch!«

Zu längeren Antworten kann ich mich nicht aufraffen, weil ich mit meinen Gedanken ganz woanders bin. Alex erzählt mir umständlich, warum er heute Zoff mit seinem Sportlehrer hatte. Als er fertig ist, wartet er auf meine Reaktion. »Soso«, murmle ich.

Nach einer kleinen Pause meint er: »Ich dachte, du würdest dich freuen über meinen Anruf.«

Er klingt so traurig, dass er mir ein bisschen leidtut. »Hör zu, Alex, dein Anruf kommt gerade etwas ungünstig. Im Augenblick bin ich nämlich etwas durcheinander.« »Ich weiß auch, wieso.« »Glaub ich kaum.«

Er lacht leise und meint dann: »Wegen dem Gedicht, stimmt's?« Woher weiß er von dem Gedicht? Ich bin total perplex. »Hat's dir denn gefallen? Das war das erste Gedicht, das ich geschrieben habe. Und wahrscheinlich auch das letzte. Ich hab keine Ahnung, wie ich draufgekommen bin. Als wir uns im Hofgarten getroffen haben …« Kurze Pause. »Ich fände es echt super, wenn wir wieder zusammen sein könnten. Mehr wollte ich damit nicht sagen. Wenn es daneben ist, dann schmeiß es einfach weg. Ich bin nicht Goethe, sondern Alex Krummweg. Dafür kann ich garantiert besser Basketball spielen als Goethe.« Mir fehlen die Worte. Alex als Lyriker. Eher hätte ich geglaubt, dass er auf seinem Skateboard zum Mond fliegt. »Warum hast du deinen Namen nicht drunter gesetzt?« »Wozu denn? Du wusstest ja wohl auch so, von wem es ist. Und jetzt sag mir endlich, ob du dich wenigstens ein bisschen darüber gefreut hast.«

»Ja, hab ich.« Und das meine ich ganz ehrlich. Wenn das Gedicht von Rob wäre, würde ich mich allerdings noch sehr viel mehr darüber freuen.

»Was dagegen, wenn ich dich gleich besuchen komme?«, fragt Alex. »Das mit der Sehnsucht war nämlich ernst gemeint. Ich drehe noch durch, wenn ich dich nicht möglichst bald wiedersehe.«

Was sind denn das für neue Töne von Alex? Er hat wohl eine Überdosis von seinen Vitaminpillen geschluckt.

Christian Bieniek, zeitgenössischer deutscher Schriftsteller

- *Haben Sie auch schon einmal einen Liebesbrief oder ein Liebesgedicht von dem oder der »Falschen« erhalten? Wie haben Sie darauf reagiert?*
- *Hätte Saskia Alex die Wahrheit sagen sollen? Spielen Sie in kleinen Gruppen Szenen, wie sich Saskia am Telefon hätte verhalten können.*
- *Projektvorschlag: Sammeln Sie die schönsten Liebesgedichte und gestalten Sie zu »Ihrem Lieblingsgedicht« eine Collage*.*

Begriffskasten

Ohne Liebe müsste sich die Menschheit bestohlen, enterbt, arm fühlen. Ohne Zweifel wird die Liebe für die künftige Menschheit zu einem Kultus werden. Und jetzt, um zu kämpfen, zu leben, sich zu plagen, zu schaffen, muss der Mensch sich gestützt und anerkannt fühlen. Derjenige, der sich geliebt fühlt, fühlt sich auch anerkannt; aus diesem Bewusstsein erwächst die höchste Lebensfreude.

Alexandra Kollontaj, russische Politikerin und Philosophin*

- *Welche Verbindung gibt es zwischen Liebe und Lebensfreude? Ergänzen Sie die Gedanken von Alexandra Kollontaj, z. B. durch einen Miniaturtext*.*

4. EINE FAMILIE GRÜNDEN

1900 kommen in Berlin 15 uneheliche Kinder auf 100 Geburten. In anderen großen Städten ist die Lage ähnlich. Es sind Organisationen wie der Deutsch-Evangelische Frauenbund, die in ganz Deutschland Heime für ledige Mütter gründen. Aber die Plätze reichen nicht aus und viele Frauen müssen ihren Nachwuchs fortgeben, um das Nötigste verdienen zu können. Nicht einmal ein Viertel aller ledigen Mütter im Kaiserreich kann die eigenen Kinder aufziehen.

Christine Koglin, Historikerin

Obwohl sie nur von 1967 bis 1969 besteht, begründet die vielleicht berühmteste Wohngemeinschaft Deutschlands - die Kommune 1 - so etwas wie einen Trend: 1978 existieren in Deutschland rund 10 000 Wohngemeinschaften. Als »Versuchsanstalten zur Familienreform« werden diese WG´s in einem Artikel des Spiegel beschrieben. Ein Gegenmodell zur »spießigen« Kleinfamilie, in dem viele herkömmliche Regeln des Zusammenlebens keine Geltung haben: So wird die gewohnte Rollenverteilung zwischen Mann und Frau aufgehoben und die Erziehung der Kinder nicht nur von Eltern, sondern ebenso von den Mitbewohnern übernommen.

Christine Koglin

Im Jahre 2003 betrug die Geburtenrate für Deutschland 1,34 Kinder pro Jahr, der Durchschnitt in Europa betrug 1,46, bezogen auf 1000 Frauen. Nach einer Studie des Bundesinstituts für Bevölkerungsforschung 2005 haben deutsche Männer den europaweit niedrigsten Kinderwunsch. Sie wünschen im Schnitt nur 1,59 Kinder, bei den Frauen sind es immerhin 1,75.

Barbara Stiegler, deutsche Soziologin

Viele Kinderlose ohne Kinderwunsch sind mit ihrem Leben zufrieden und schätzen ihre persönliche Freiheit. Männer fürchten vor allen Dingen eine Einschränkung ihrer persönlichen Freiheit durch ein Kind, Frauen fürchten berufliche Probleme.

Barbara Stiegler

- *Schreiben Sie eine Gedankenkette* zum Thema Familie.*
- *Welche Rolle spielen Familie und Partnerschaft aus Ihrer Sicht in der heutigen Gesellschaft?*
- *Warum werden in Deutschland zunehmend weniger Kinder geboren als früher? Stellen Sie eine Liste mit Gründen zusammen.*

Heimisch werden

Kinder gehören nicht nur den Eltern

- *Formulieren Sie fünf Fragen zum Leben einer Großfamilie in Afrika*

In Afrika aber gehören die Kinder nicht nur den Eltern, sondern der ganzen Sippengemeinschaft. Die Erziehungsmethode ist also schon durch die Ahnen und Ältesten festgelegt. Darüber hinaus ist es die Aufgabe jedes Angehörigen, für eine gute Erziehung zu sorgen. So darf jedes Großfamilienmitglied das Kind genauso belohnen oder bestrafen wie dessen eigene Eltern. Beim Unterlassen dieser Aufgabe kann jedes Familienmitglied zur Rechenschaft gezogen werden. Mit anderen Worten: Nicht die Familie im engeren Sinn (Kernfamilie), sondern der ganze Clan ist die Schule, die für Erziehung sorgt.

Die Grundthese, die diese ganze Einstellung durchzieht, ist immer die gleiche: Mensch ist man nur in der Verwandtschaft. Menschsein will von klein auf mit den anderen erlernt sein. Die Eltern allein, als Privatfamilie, sind nicht in der Lage, den Kindern die ganze Weisheit der Ahnen und der Ältesten zu vermitteln. Theo Sundermeier ist zuzustimmen, wenn er kommentiert: »Der Jugendliche muss hören, was die Alten sagen, er muss sich mit den Altersgenossen austauschen. Wie kann er sonst lernen, seine Sache überzeugend darzustellen? Wie die Kunst wohlgesetzter Rede einüben, die in den schriftlosen Kulturen so hoch geschätzt wird? … Weil das Wort gemeinschaftsstiftend und gemeinschaftssetzend ist, gehört die Kunst der Rede zur ›good company‹.«

Diese Feststellung gilt freilich nicht erst von der Pubertätszeit an, sondern schon als Kind muss jeder mit Verwandten, Freunden und Bekannten vertraut gemacht werden. Selbstverständlich werden die Kinder auch im Falle des Todes der Eltern automatisch von der Sippengemeinschaft aufgenommen und einem Familienmitglied anvertraut, das sie gleichsam wie seine eigenen Kinder erziehen und versorgen soll.

Bénézet Bujo, kongolesischer Philosoph

- *Wie beurteilen Sie die Situation von Kindern und Jugendlichen in einer Großfamilie in Afrika?*
- *Die Jugendlichen müssen hören, was die Alten sagen … wie stehen Sie dazu? Erarbeiten Sie eine Standpunktrede*.*

Europas neue Väter

Der neue Vater zeigt sich, sobald der Fetus sich durch seine Bewegungen bemerkbar macht. Er legt seine Hand auf den Leib der Mutter, streichelt das Kind, das dafür empfänglich ist und mit Bewegungen reagiert, die die Entstehung des väterlichen Gefühls beschleunigen. Mit acht Monaten nimmt der Fetus Geräusche der Außenwelt wahr, und es bereitet dem neuen Vater weniger Verlegenheit als seinem eigenen Vater, mit dem Ungeborenen zu sprechen. Aber nicht nur mit dem Tastsinn und der Stimme, auch mit dem Auge (Ultraschall) und dem Ohr (Wahrnehmung des Herzschlags) nimmt der künftige Vater Kontakt mit dem Kind auf, so dass die Vaterschaft tatsächlich vor der Geburt begründet wird.

Ist er bei der Entbindung zugegen, kann der Vater die Nabelschnur durchtrennen (die Mutter vom Kind trennen), es auf den Bauch der Mutter legen und es dann zum ersten Mal baden.

In solchen Augenblicken hat der Vater Empfindungen und erlebt ein sinnliches Glück, das bisher der Mutter vorbehalten war. Wenn man beobachtet, wie er das Neugeborene versorgt, bemerkt man eine Gewandtheit, eine Sanftheit und eine Zärtlichkeit, die man bei dem traditionellen Vater nicht geahnt hätte. Die Gestik des Mannes wird weiblicher während dieses zärtlichen Umgangs mit dem Kind, von dem man in unseren Kulturen glaubte, nur Frauen seien dazu fähig. Dies ist sicherlich jener Abschnitt im Leben eines Mannes, in dem sich seine psychische Bisexualität am stärksten äußern kann, eine Art Rückkehr in seine eigene Kindheit, bei der er sich gleichzeitig mit dem Kind, das er einmal war, und mit seiner Mutter identifiziert.

Élisabeth Badinter, zeitgenössische französische Philosophin*

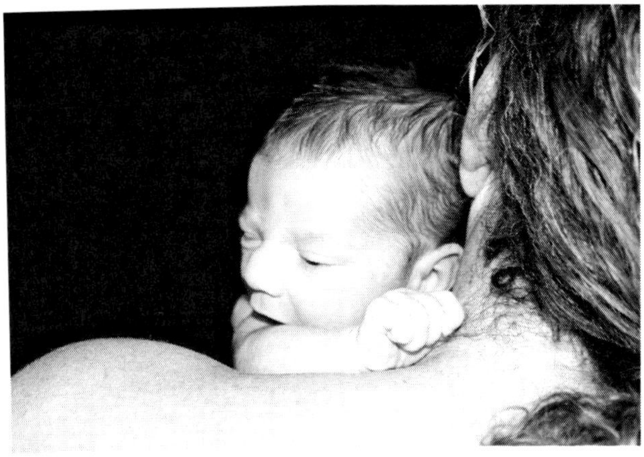

- *Ist nach Ihrer Erfahrung dieser Typ des neuen Vaters in Deutschland schon Wirklichkeit geworden? Warum? Warum nicht?*
- *Stellen Sie sich vor, Sie sollten für das Bundesministerium für Jugend, Familie und Senioren eine Werbekampagne für mehr Kinder durchführen. Gestalten Sie unter dem Motto »Die neuen Väter« eine Collage* dazu.*
- *Wodurch unterscheiden sich Familien in Afrika und Deutschland? Gestalten Sie dazu eine Wandzeitung.*

Arbeiten für sich und andere

Ich will meinen Traumberuf!

Miriam aus Erfurt sucht nach der mittleren Reife einen Ausbildungsplatz als Rechtsanwaltsgehilfin, hat jedoch in Deutsch zu schlechte Noten. Sie möchte aber nur diesen Beruf erlernen, weil sie sich schon immer für Recht und Gerechtigkeit interessiert hat.

Oliver würde gern eine Ausbildung als Automechaniker machen, in Wittenberge kann er aber keine Autowerkstatt finden, die ihn ausbilden will. Oliver möchte allerdings nicht so früh von zu Hause weg in eine andere Stadt.

Jannicka aus Berlin würde gern Medizin studieren, hat aber im Abitur einen zu schlechten Notendurchschnitt. Ein anderes Studium kommt für sie nicht in Frage, weil es immer schon ihr Traum gewesen ist, Menschen zu heilen. Sie jobbt bereits seit einiger Zeit im Pflegeheim und weiß, wovon sie »träumt« .

Timo aus Dresden hat die 10. Klasse mit guten Noten bestanden, weiß aber nicht, welchen Beruf er erlernen soll oder ob er vielleicht doch noch aufs Wirtschaftsgymnasium gehen will.

- *Stellen Sie sich vor, Sie wären Arbeitsberater bzw. -beraterin beim Berufsinformationszentrum. Was würden Sie den jungen Leuten raten? Erarbeiten Sie in kleinen Gruppen Lösungsvorschläge für die oben angeführten Fallbeispiele.*
- *Spielen Sie anschließend dazu kleine Szenen als Gespräch zwischen dem Arbeitsberater bzw. der Arbeitsberaterin und den Schülerinnen und Schülern.*
- *Diskutieren Sie darüber, welche Rolle Arbeit bzw. der Traumberuf in Ihrem Leben spielt.*

Was ist Arbeit? (Wissenskasten)

Arbeit ist eine zielgerichtete planmäßige Tätigkeit zur Befriedigung menschlicher Bedürfnisse, bei der körperliche oder geistige Ressourcen des Menschen zum Einsatz kommen. Dabei werden u. a. Tätigkeiten unterschieden, die wirtschaftlichen Zwecken dienen wie z. B. die Herstellung von materiellen Gütern. Diese wird als Erwerbsarbeit bezeichnet und entlohnt. Zur Arbeit gehören aber auch Tätigkeiten, die nichtwirtschaftliche Zwecke betreffen wie beispielsweise häusliche Pflege, Erziehungsarbeit oder ehrenamtliche Arbeit in Vereinen und Organisationen. Diese Arbeit wird nicht entlohnt.

- *Suchen Sie weitere Formen von Arbeit und gestalten Sie dazu einen Cluster*.*
- *Formulieren Sie analog dazu eine Definition* zum Begriff »Freizeit« .*

Warum Menschen arbeiten

Die Arbeit ist das erste Attribut, der wesentliche Charakter des Menschen. Der Mensch ist Arbeiter, d. h. Schöpfer und Poet; er gibt Ideen und Zeichen von sich; wiewohl er die Natur umgestaltet, produziert er doch sich selbst, lebt er von seiner Substanz: das bedeutet der Volksausdruck: Von seiner Arbeit leben.

Joseph Proudhon (1809–1865), französischer Philosoph

Arbeit ist die Quelle allen Reichtums

Die Arbeit ist die Quelle allen Reichtums ... Sie ist dies neben der Natur, die ihr den Stoff liefert, den sie in Reichtum verwandelt. Aber sie ist noch unendlich mehr als dies. Sie ist die erste Grundbedingung allen menschlichen Lebens.

Friedrich Engels (1820–1895), deutscher Philosoph

Der Mensch ernährt sich durch die Arbeit

Die Tätigkeit der Arbeit entspricht dem biologischen Prozess des menschlichen Körpers, der sich in seinem spontanen Wachstum, Stoffwechsel und Verfall von Naturdingen ernährt, welche die Arbeit erzeugt und zubereitet, um sie als die Lebensnotwendigkeiten dem lebendigen Organismus zuzuführen.

Hannah Arendt (1906–1975), deutsch-jüdische Philosophin
(seit 1933 im Exil, 1941 emigriert in die USA)

Das Tier arbeitet nicht

Das Tier arbeitet nicht, nur gezwungen, nicht von Natur; es isst nicht sein Brot im Schweiß des Angesichts, bringt sein Brot nicht selbst hervor: von allen Bedürfnissen, die es hat, findet es unmittelbar in der Natur Befriedigung. Der Mensch findet auch das Material dazu, aber, kann man sagen, das Material ist das Wenigste für den Menschen – die ... Befriedigung seiner Bedürfnisse geschieht nur durch Arbeit.

Georg Wilhelm Friedrich Hegel (1770–1831), deutscher Philosoph

- *Welche Auffassungen von Funktion und Wert der Arbeit kommen in den Gedanken der Philosophinnen und Philosophen zum Ausdruck? Ergänzen Sie eine weitere Funktion.*

Langeweile – Laster oder Vergnügen?

Ich liege im Gras
und starre ins Leere.
Nichts tun,
an nichts denken,
nur atmen
und dem eigenen
Pulsschlag lauschen.

Ich könnte stundenlang
so liegen – auf der Wiese.
Meine Eltern haben
dafür nichts übrig.
Wie kann man nur so
seine Zeit vertrödeln?
fragen sie vorwurfsvoll.

Trödeln ist etwas Schönes.
Es gibt mir Kraft.
Aber viele verstehen das nicht.
Ich brauche ab und zu die Leere.
Manchmal sogar die Melancholie.
Wie arm wäre das Leben,
wenn die Langeweile nicht wär!

Saskia, 17 Jahre

- *Kennen Sie diese Erfahrung auch? Schildern Sie ein ähnliches Erlebnis in Form eines Gedichts oder einer Erzählung.*
- *Wie arm wäre das Leben ohne Langeweile! Stimmen Sie zu? Warum? Warum nicht?*

Der große Verdruss?

Langeweile: Wer kennt sie nicht? Wer könnte je von sich behaupten, er habe sich noch nie in seinem Leben gelangweilt? Wer kennt nicht die Erfahrung, dass einen urplötzlich und ohne jegliche Vorwarnung der große Verdruss überkommt – und das selbst bei Beschäftigungen, die einem lieb sind und die volle Aufmerksamkeit erfordern?

Die Langeweile, so scheint es, steht stets bereit, ins Leben einzubrechen und sich mit ihrer brütenden Last aufs Gemüt zu legen, sobald sie auch nur den Hauch einer Chance wittert. Überall und immer ist sie gegenwärtig, nirgends und nie ist man vor ihr sicher. Um ihr zu entfliehen, lassen sich Menschen offenbar zu den unterschiedlichsten Aktivitäten verleiten! »Was die Leute nicht alles aus Langeweile treiben«, lässt Georg Büchner* in dem satirischen Lustspiel »Leonce und Lena« sagen. »Sie studieren aus Langeweile, sie beten aus Langeweile, sie verlieben, verheiraten und vermehren sich aus Langeweile, und – das ist der Humor davon – alles mit den wichtigsten Gesichtern.«

Friedhelm Decher, zeitgenössischer deutscher Philosoph

- *Stimmen Sie Friedhelm Decher zu, dass die Langeweile plötzlich kommt und dass niemand vor ihr sicher sein kann? Begründen Sie Ihren Standpunkt.*
- *Was tut man noch aus Langeweile? Suchen Sie nach weiteren Beispielen.*

Schutzwall gegen Langeweile

- *Ergänzen Sie den Schutzwall.*
- *Erarbeiten Sie in kleinen Gruppen Porträts der genannten Philosophinnen und Philosophen.*

Feste feiern

Mein Lieblingsfest

- *Finden Sie heraus, welche Feste gemeint sind.*

1. Es werden Kerzen angezündet, zumindest bei jüngeren Kindern, und man freut sich auf den schön gedeckten Tisch. Am Nachmittag werden dann Freunde eingeladen.

Kirsten, 16 Jahre

2. Als Kind habe ich mich immer auf die letzte Kerze gefreut, die angezündet wurde, denn dann konnte der aufregendste Moment nicht mehr weit sein.

Oliver, 15 Jahre

3. Wenn die bösen Geister des Winters vertrieben werden sollen, dann muss man sich etwas einfallen lassen und anders aussehen als bisher.

Melanie, 15 Jahre

4. Wenn die Kirche Geburtstag hat, dann blühen draußen tolle Blumen.

Tom, 15 Jahre

- *Welche Feste sind gemeint? Formulieren Sie auch ein Rätsel zu Ihrem Lieblingsfest und lassen Sie Ihren Nachbarn oder Ihre Nachbarin raten.*

Begriffskasten

Ein Fest feiern heißt: die immer schon und alle Tage vollzogene Gutheißung der Welt aus besonderem Anlass auf unalltägliche Weise begehen.

Josef Pieper, katholischer Theologe

- *Erstellen Sie zum Begriff Festtag ein Akrostichon*.*

Festtag und Arbeitstag

Die Entgegensetzung von Festtag und Arbeitstag, genauer gesagt, der Begriff »Arbeitsruhe« enthält jedoch noch eine weitere Auskunft über das Wesen des Festes.

Die Arbeitsruhe ist ja nicht allein die sozusagen neutrale Pause, die als ein Glied in die Kette der werktäglichen Zeit eingelassen ist. Sie bringt zugleich einen »Ausfall« an Nutzungsgewinn mit sich. Indem einer die Arbeitsruhe des Feiertags verwirklicht und bejaht, verzichtet er auf den Ertrag eines Arbeitstages. Dieser Verzicht aber ist seit je als ein wesentliches Element des Festes betrachtet worden. Eine bestimmte Spanne nutzbarer Zeit wird, wie das antike Rom es verstanden hat, »in das ausschließliche Eigentum der Götter überwiesen«. Nicht anders als das Opfertier aus der Herde, so wird ein Stück aus der verfügbaren Zeit herausgenommen und ausdrücklich der Nutzung entzogen. Arbeitsruhe also besagt, dass nicht nur nicht gearbeitet, sondern dass eine schenkende Darbringung des Arbeitsertrages vollzogen wird. Was geschieht, ist nicht nur keine Nutzung; es ist etwas von der Art des Opfers und also das äußerste Gegenteil von Nutzung, das überhaupt gedacht werden kann.

Eben damit aber wird, unversehens, ein neuer Aspekt auch des Festtages benennbar: Das Fest ist wesentlich ein Phänomen des Reichtums, nicht des Geldes, gerade nicht, sondern des existenziellen Reichseins. Zu seinen Elementen gehört das Nicht-Rechnen, ja die Verschwendung.

Josef Pieper

- *Kommentieren Sie den Gedanken, dass Feste mit Reichtum, aber nicht mit Geld zu tun haben.*
- *Was verstehen Sie unter existenziellem Reichsein?*
- *Festtage bedeuten Verzicht auf Arbeitsgewinn. Welchen anderen Nutzen haben sie?*
- *Welche Rolle spielt die Gemeinschaft, z. B. die Familie, bei der Gestaltung eines Festtages?*
- *Projektvorschlag: Unternehmen Sie zum Thema »Feste feiern« einen Galeriespaziergang* und stellen Sie Ihre Arbeiten anschließend in der Schule aus.*

5. LEBENSKRISEN MEISTERN

Zweimal in der Woche setzt sich Philip (12) in einen Bus und fährt 50 Kilometer. So weit ist heute der Weg nach Onsala, dem schwedischen Ort, in dem er früher zu Hause war. Hier hat er mit seinen Eltern Anders und Pia J. sowie seinem kleinen Bruder Simon gelebt. Hier ging er bis vor einem Jahr zur Schule, und hier spielte er auch Handball. Philip musste alles aufgeben, nur am Handball hält er fest.
Nach dem 26. Dezember 2004, dem Tag, an dem seine Welt in den Wellen des Tsunamis in Thailand verschwand, seinen Eltern und seinen kleinen Bruder verschluckte, ist nichts mehr, wie es war. Zu viert waren sie in den Weihnachtsurlaub geflogen, allein kehrte er zurück. Heute wohnt der Junge bei seiner Tante Anna, ihrem Mann und seinem Cousin (14). Philip hat sich scheinbar problemlos in seiner neuen Familie zurechtgefunden. Aber: ob er immer noch trauert?

Hamburger Abendblatt vom 8. Dezember 2005

- *Informieren Sie sich über die Tsunami-Katastrophe in Südostasien im Jahr 2004. Recherchieren Sie dazu einige Einzelschicksale wie das von Philip und gestalten Sie dazu ein Porträt in Ihrem philosophischen Denktagebuch*.*

Lifestyle oder Krankheit?

Im Internet treffen sich täglich Magersüchtige mit Decknamen wie Schneewittchen oder Skinny. Sie berichten von ihren Erlebnissen am Tag. Für alles gibt es verschiedene Abkürzungen. Thera steht für Therapie und FA für Fressattacke. Pro Anna heißt Pro Anorexia, also »für Magersucht«. Anhänger dieser Bewegung sind demnach für Magersucht und stolz darauf, unter Magersucht zu leiden. Die Betroffenen sehen sich selbst nicht als Kranke. Das Motto in einigen ihrer Foren lautet: »Magersucht ist ein Lifestyle und keine Krankheit«.

Julia, 16 Jahre

- *Vergleichen Sie beide Fälle miteinander. Diskutieren Sie über den Begriff der Lebenskrise, legen Sie sich dazu eine Mindmap* an. Lesen Sie auch noch einmal die Seiten 34/35 in diesem Buch.*

Angst spüren

Edvard Munch: Angstgefühl (1896)

- *Beschreiben Sie das Bild. Achten Sie vor allem auf den Gesichtsausdruck der verschiedenen Personen. Wovor könnten die Menschen Angst haben?*
- *Notieren Sie Stichworte: Ich sehe … Ich fühle … Meine Gedanken kreisen um … Es könnte sein, dass …*
- *Gestalten Sie anschließend zum Thema Angst ein Standbild*.*

Wissenskasten

Angst gibt es auch unabhängig von der Kultur und der Entwicklungshöhe eines Volkes oder eines Einzelnen – was sich ändert, sind lediglich die Angstobjekte, das, was jeweils die Angst auslöst, und andererseits die Mittel und Maßnahmen, die wir anwenden, um Angst zu bekämpfen. So haben wir heute im Allgemeinen keine Angst mehr vor Donner und Blitz; Sonnen- und Mondfinsternisse sind für uns ein interessantes Naturschauspiel geworden, aber nicht mehr ein Angsterleben, denn wir wissen, dass sie kein endgültiges Verschwinden dieser Gestirne oder gar einen möglichen Weltuntergang bedeuten. Dafür kennen wir heute Ängste, die frühere Kulturen nicht kannten – wir haben etwa Angst vor Bakterien, vor neuen Krankheitsbedrohungen, vor Verkehrsunfällen, vor Alter und Einsamkeit …

Fritz Riemann, Psychologe

Eine Maus, ein Wiesel und eine Katze

An diesem Morgen konnte die kleine Maus nicht aus ihrem Haus; es war belagert.

Ein hungriges Wiesel lauerte ihr am Schlupfloch auf; von einem Spalt aus bemerkte sie das Wiesel, wie es gespannt die Öffnung überwachte, um sich auf sie zu stürzen.

Das Mäuschen war sich der großen Gefahr bewusst und zitterte am ganzen Leibe vor Furcht.

Eine Katze jedoch stürzte sich unversehens auf das Wiesel, packte es am Genick und machte ihm den Garaus.

»Oh Jupiter, ich danke dir!«, seufzte das Mäuschen, das von seinem Loch aus die Szene beobachtet hatte; »Ich opfere dir gern ein paar von meinen Kernen!«

So, nach demütig erwiesenem Opfer, verließ die Maus ihr Versteck rasch, um die verlorene Freiheit wiederzufinden. Freilich – nur für einen Augenblick, weil die Ärmste ihre Freiheit mit dem Leben unter den reißenden Zähnen der Katze verlor.

Leonardo da Vinci, italienischer Maler und Fabeldichter

- *Was hat die Maus falsch gemacht?*
- *Welche Rolle spielt die Angst in dieser Fabel?*
- *Unterscheiden Sie Angst und Furcht in einem Cluster*.*

Sich berauschen

Die Erlebnismaschine – ein Gedankenexperiment*

Schwierige Fragen gibt es auch im Zusammenhang damit, ob irgendetwas anderes von Bedeutung ist als die Erlebnisse der Menschen »von innen«. Man stelle sich eine Erlebnismaschine vor, die einem jedes gewünschte Erlebnis vermittelt. Super-Neuropsychologen können das Gehirn so reizen, dass man glaubt und das Gefühl hat, man schreibe einen großen Roman, schlösse eine Freundschaft oder läse ein interessantes Buch. Dabei schwimmt man die ganze Zeit in einem Becken und hat Elektroden ans Gehirn angeschlossen. Sollte man sich lebenslang an diese Maschine anschließen lassen, so dass alle künftigen Erlebnisse im Voraus festgelegt sind? Wenn man sich Sorgen macht, es könnten einem wünschenswerte Erlebnisse entgehen, so können wir annehmen, dass das Leben vieler anderer von Firmen gründlich durchforscht worden ist. Man kann aus ihrem riesigen Katalog solcher Erlebnisse auswählen und die eigenen Erlebnisse etwa für die nächsten zwei Jahre festlegen. Danach kommt man zehn Minuten oder Stunden aus dem Becken heraus und kann sich seine Erlebnisse für die nächsten zwei Jahre aussuchen. Während man im Becken schwimmt, weiß man natürlich nichts davon; man glaubt, alles, was man erlebt, geschähe wirklich. Auch andere können sich anschließen lassen und sich die gewünschten Erlebnisse verschaffen; es braucht also niemand unangeschlossen zu bleiben, um für andere da zu sein … Würden Sie sich anschließen lassen?

Robert Nozick, zeitgenössischer amerikanischer Philosoph

- *Beantworten Sie die Frage und begründen Sie Ihre Entscheidung.*
- *Würden Sie sich z.B. für zwei Monate an die Maschine anschließen lassen? Warum? Warum nicht?*

Wenn Sie wissen wollen, wie Nozick die Frage beantwortet, dann lesen Sie nach: Robert Nozick: Die Erlebnismaschine, in: Michael Baurmann und Hartmut Kliemt (Hgg.), Glück und Moral, Reclam, Stuttgart 1987, S. 20–23.

Begriffskasten

Um glücklich zu sein, muss man sich von Vorurteilen befreit haben, tugendhaft sein und bei guter Gesundheit, Neigungen und Leidenschaften haben und für Illusionen empfänglich sein... Aber, werdet Ihr mir entgegnen, Ihr habt gesagt, dass der Irrtum immer schädlich sei; ist die Illusion denn kein Irrtum? Nein. Zwar zeigt uns die Illusion die Dinge nicht so, wie sie sind, aber sie zeigt sie uns, wie sie sein sollen.

Emilie du Châtelet, französische Philosophin*

- *Welcher Zusammenhang besteht zwischen Rausch und Illusion?*

Ballonfahrer will einen Höhenrekord aufstellen

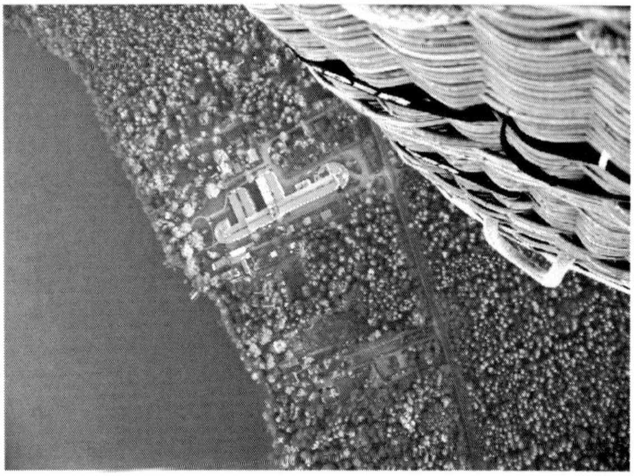

Ein indischer Millionär will höher als jeder Mensch vor ihm mit seinem Heißluftballon aufsteigen. Mit einem Flug bis auf 70 000 Fuß (21 336 Meter) über Meereshöhe will Vijaypat Singhania (67) am Samstag den Weltrekord brechen und einen langjährigen Traum Wirklichkeit werden lassen. Inklusive Auf- und Abstieg soll der Flug fünf Stunden dauern. Ein erster Anlauf zu dem Rekordversuch war wegen schlechten Wetters gescheitert. Nun soll er in der westindischen Stadt Mumbai in die Tat umgesetzt werden. Rekordhalter ist derzeit der Schwede Per Lindstrand, der 1988 über dem US-Bundesstaat Texas rund 19 811 Meter hoch aufstieg.

In 21 Kilometer Höhe ist der Rand zum Weltraum erreicht. Die Atmosphäre ist sehr dünn, und die Temperatur liegt unter minus 93 Grad Celsius. Singhania will sein wagemutiges Projekt MI-70K (Mission Impossible 70 000), für das er seit einem Jahr trainiert hat, in einer isolierten Druckkapsel überstehen. Die Ballongondel wurde in Großbritannien aus Aluminium gefertigt, das normalerweise im Flugzeugbau verwendet wird. Zur Ausstattung gehört nicht nur ein automatischer Fallschirm für den Fall, dass Singhania seine Mission abbrechen muss, sondern auch ein modernes Navigationssystem.

Die Gondel hängt an einem 487 680 Kubikmeter großen Ballon, der etwa so hoch ist wie ein 22-stöckiges Gebäude. Die Außenhülle aus geripptem Nylon kann 80 Tonnen Luft einschließen. Ein versiegeltes Barometer, das von der internationalen Vereinigung der Aeronauten installiert wurde, soll nach der Landung Auskunft darüber geben, ob Singhanias Fahrt ins »Guinness Buch der Rekorde« eingetragen werden kann.

Der 67-jährige Singhania stellte im vergangenen Juni mit einem Aufstieg auf 8 595 Meter einen indischen Höhenrekord für Heißluftballons auf. »Ich war mein ganzes Leben lang abenteuerlustig«, sagte Singhania. »Ich habe immer etwas zum Ruhm Indiens beitragen wollen.«

Die Welt vom 23. November 2005

- *Würden Sie die Ballontour wagen? Warum? Warum nicht?*
- *Warum brauchen manche Menschen den letzten Kick, um glücklich zu sein?*
- *Was wäre für Sie der letzte Kick? Fertigen Sie eine Zeichnung dazu an oder schreiben Sie eine kurze Geschichte.*

- *Welchen Tempel der Träume würden Sie gern bauen? Entwerfen Sie Ihren Traumtempel in Form einer Geschichte, einer Zeichnung oder einer Gedankenkette*.*

Immer nur breit

Als Amon Barth seinen ersten Joint rauchte, war er 13 oder 14, genau weiß er das nicht mehr. Er wollte einfach machen, was alle anderen auch taten. Bis er 19 Jahre alt war, hat er Cannabis geraucht, in der Pfeife oder im Joint. Zusammen mit seinen »Jungs« , mit denen er Science-fiction-Filme sah, manchmal den gleichen viermal hintereinander. Mit denen er Hip-Hop-Musik hörte und nach dem Kiffen »Fressflashs« bekam. Dann aßen sie bergeweise Süßigkeiten und Tütensuppen vom Asiaten, kommentierten das, was Politiker in den Nachrichten sagten, oder machten sich über ihre Lehrer lustig. Im Stillen, unter sich. Kiffer, sind nicht laut oder auf Konfrontationen aus. Sie denken sich ihren Teil. Sie sind über alle anderen erhaben. Amon Barth verbrauchte an manchen Tagen vier Gramm. Das ist ein Beutel Gras, der bei vielen einen Monat lang ausreicht.

Endlich weiß ich, wie es ist, breit zu sein oder, wie Florian sagen würde, stoned, schreibt Amon Barth in seinem Buch. *Ich bin entspannt und ruhig und dennoch voller Energie und fühle mich mental beweglicher. Ich war lange nicht mehr so glücklich. Mein Kopf ist voller Farben und Musik. Es ist die Musik der Freiheit und der Jugend.*

»Es gibt viele Kiffer, die sagen, dass sie Sänger, Schauspieler, Künstler werden wollen« , sagt Amon Barth, »aber am nächsten Tag machen sie sich nicht auf den Weg. Sie verschieben alles, aber tatsächlich geschieht nie etwas.«

Amon Barth hat einen Traum, er will einmal Filmregisseur werden. Wenn er davon spricht, liegt ein Lächeln in seinem Gesicht. »Wer keinen Traum hat, hat aber auch keine Chance, aus dem Ganzen rauszukommen.«

Amon Barth sagt, er kennt viele Leute, die kiffen, ohne dabei Reue zu empfinden. »Das liegt daran, dass der Geist so abhängig wird, dass er versucht, das Kiffen zu verteidigen. Das Gehirn kann dann nicht unterscheiden zwischen langfristigem und kurzfristigem Glück.«

Amon Barth, 21 Jahre, Schriftsteller und ehemaliger Kiffer

- *Was veranlasst Jugendliche wie Amon zu kiffen?*
- *Wie würden Sie reagieren, wenn Ihnen einer Ihrer besten Freunde sagt, dass er Joints raucht?*
- *Projektvorschlag: Erarbeiten in Verbindung mit dem Biologieunterricht, welche Langzeitwirkungen Drogen auf die Persönlichkeitsentwicklung haben.*

Wenn Sie Amons Lebensgeschichte interessiert, lesen Sie nach: Amon Barth: Breit – mein Leben als Kiffer, Rowohlt Verlag, Reinbek bei Hamburg 2005.

Weniger gefährlich?

- *Alkohol und Tabak gehören genauso wie illegale Drogen zu den Rauschmitteln und bewirken angenehme Empfindungen. Sind sie weniger gefährlich als Drogen? Erarbeiten Sie dazu eine Standpunktrede*.*

Schmerz und Krankheit

Salvador Dalí: Das verhüllte Herz (1932)

Schmerz und Freude

Das Höchstmaß der Freude ist erreicht, wenn alle Schmerzen beseitigt sind. Denn wo die Freude eingezogen ist, da gibt es, solange sie herrscht, weder Schmerzen noch Qualen oder gar beides.

Der Schmerz sitzt nicht unaufhörlich im Fleische. Je heftiger er ist, desto kürzer währt er.

Epikur, griechischer Philosoph*

- *Beschreiben Sie die Stimmung, die dieses Bild bei Ihnen auslöst. Achten Sie dabei besonders auf die Farben. Was könnte das Bild mit Schmerz zu tun haben?*

Begriffskasten

Die Natur hat die Menschheit unter die Herrschaft zweier souveräner Gebieter – Leid und Freude – gestellt. Es ist an ihnen allein aufzuzeigen, was wir tun sollen, wie auch zu bestimmen, was wir tun werden. Sowohl der Maßstab für Richtig und Falsch als auch die Kette der Ursachen und Wirkungen sind an ihrem Thron festgemacht. Sie beherrschen uns in allem, was wir tun, was wir sagen, was wir denken: Jegliche Anstrengung, die wir auf uns nehmen können, um unser Joch von uns zu schütteln, wird lediglich dazu dienen, es zu beweisen und zu bestätigen.

Jeremy Bentham, englischer Philosoph*

- *Stimmen Sie zu, dass Schmerz und Freude die Antriebskräfte unseres Lebens sind? Begründen Sie Ihre Auffassung.*

Gesundheit als Gleichgewicht der Kräfte

Die Philosophin und Ärztin Hildegard von Bingen* ging in ihrem Buch »Causae et curae« (Ursachen und Behandlungen von Krankheiten) davon aus, dass in der Welt vier Grundkräfte wirken, die auch Elemente des Menschen sind.

Feuer, Luft, Wasser und Erde sind im Menschen, und aus ihnen besteht er. Denn vom Feuer hat er die Wärme, von der Luft den Atem, vom Wasser das Blut und von der Erde das Fleisch ... Wenn die Elemente im Menschen geordnet wirken, erhalten sie ihn ebenso und machen ihn gesund. Wenn sie aber in ihm nicht harmonisieren, machen sie ihn krank und bringen ihn um. Wenn die Verbindungen der Säfte, die von der Wärme, der Feuchtigkeit, vom Blut und vom Fleisch stammen und im Menschen vorhanden sind, in Ruhe und der richtigen Mischung in ihm wirken, bringen sie die Gesundheit mit sich. Wenn sie ihn aber gleichzeitig und ungeordnet treffen und im Übermaß über ihn herfallen, machen sie ihn schwach und bringen ihn um. Denn die Wärme und die Feuchtigkeit, das Blut und das Fleisch sind wegen Adams Sündenfall beim Menschen in gegensätzliche Phlegmen[1] umgewandelt worden.

(1) Trägheiten, Ruhepole

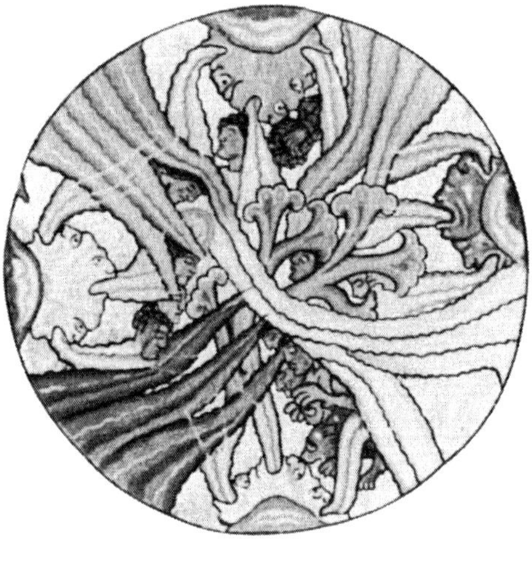

- *Erläutern Sie anhand der Gedanken von Hildegard und der beiden Bilder, wann der Mensch gesund und wann er krank ist.*
- *Wie beurteilen Sie die Sichtweise von Hildegard heute, nach fast 1000 Jahren?*

Bis 2022 mehr als 68 Millionen Aids-Tote

Die Verbreitung von HIV hat einen »Umfang erreicht, der die schlimmsten Vorhersagen übertrifft«, sagt Peter Piot, Direktor des UN-Aids-Bekämpfungsprogramms UNAIDS. Laut dem jüngsten Bericht von UNAIDS, der gestern in New York vorgestellt wurde, sind weltweit 40 Millionen Menschen mit dem HI-Virus infiziert.

Seit 1981 im Raum Los Angeles erstmals über die erworbene Immunschwäche Aids berichtet wurde, sind mehr als 20 Millionen Menschen an der Viruserkrankung gestorben. Und die Prognosen sehen düster aus: Wenn es nicht gelingt, die Epidemie in den Griff zu bekommen, werden nach einer Schätzung der Vereinten Nationen in den kommenden 20 Jahren mindestens 68 Millionen Menschen der Erkrankung zum Opfer fallen. Und: Insbesondere für Jugendliche wird HIV zur Gefahr, da sie nicht wissen, wie das Virus übertragen wird und wie sie sich davor schützen können.

Von der Aids-Epidemie sind nach wie vor die afrikanischen Länder südlich der Sahara am stärksten betroffen. Dort leben allein mehr als 28 Millionen Menschen mit dem lebensgefährlichen Erreger, alle 25 Sekunden infiziert sich ein weiterer Bewohner des Schwarzen Kontinents damit. Über die Hälfte sind zwischen 15 und 25 Jahren alt. In Botswana leben laut UNO-AIDS-Bericht fast 40 Prozent der Bevölkerung mit dem Virus. Nahezu jede zweite Schwangere ist HIV-positiv. Doch längst grassiert die Epidemie nicht mehr nur in Afrika. In China warnten die Vereinten Nationen erst kürzlich vor einer möglichen Aids-Katastrophe. Im ersten Halbjahr 2001 sei die Zahl der Neuinfizierungen um 67 Prozent gestiegen. Ende des Jahrzehnts könnten demnach bis zu zehn Millionen Menschen HIV-positiv sein. In Russland hat sich die Zahl der Aids-Infizierten seit 1998 jährlich verdoppelt.

Sabine Olff, Journalistin

- *Worin sehen Sie die Ursachen, dass sich Aids so schnell und scheinbar unaufhaltsam in der Welt ausgebreitet hat?*
- *Schreiben Sie zu dem Bild »Totentanz« eine Gedankenkette*.*

Schwarze Flecken auf dem Gewissen

André Glucksmann* aus Paris ist der erste zeitgenössische Philosoph, der sich in einem Buch mit der Krankheit Aids intensiv auseinandergesetzt hat. Es trägt den Titel »Der Stachel der Liebe«. Darin schildert Glucksmann u.a. die Geschichte eines Chirurgen, der wusste, dass Aids durch Bluttransfusionen übertragen werden konnte, dies aber nicht in der Öffentlichkeit bekannt gab.

Das Spiel des Gewissens mit sich selbst ist zu subtil und zu verwickelt, als dass es sich als schneeweiß oder pechschwarz bezeichnen ließe. Das Abenteuer eines Chirurgen, damals Präsident der Ärztekammer, also Sprecher der Deontologie[1] und der Moral der Ärzteschaft, ist in dieser Hinsicht symptomatisch. Zu Beginn der achtziger Jahre wurde er operiert und erhielt Bluttransfusionen. Zwei oder drei Jahre später rät ihm ein Kollege, einen Test machen zu lassen. Die Idee leuchtet ihm ein, und er stimmt zu: negativ. »Und dann?«, fragt sieben Jahre später ein Journalist. »Nichts«, antwortet er. Für sich selbst erleichtert, versäumt er es, Tausende von Blutempfängern jener Jahre zu warnen. Alle waren einem ähnlichen Risiko ausgesetzt wie er. Weder als Präsident noch als Ex-Präsident ist ihm je der Gedanke eines öffentlichen Aufrufs gekommen. Diesen vollkommenen Ehrenmann, diesen juristisch unangreifbaren Arzt quält ein Unbehagen, ein schlechtes Gewissen, das er mir eingestand.

»Skotomisierung« nennt er die geistige Blindheit, die ihn dazu brachte, sein eigenes Interesse und später das seiner Mandanten und schließlich das einer ganzen Bevölkerungsgruppe außer Acht zu lassen. Ließe sich der schwarze Fleck, den er plötzlich in seinem Bewusstsein erkennt, durch ein rein egoistisches Kalkül erklären, va bene! Er würde sich weniger schuldig fühlen, wenn auch nicht weniger verstört. Er brachte sein eigenes Leben in Gefahr, das seiner Angehörigen, die er hätte anstecken können, das seiner Mitmenschen, die zu schützen sein Beruf ist.

(1) Regelkanon

- *Diese Art »geistige Blindheit« des Chirurgen tritt bei vielen ethischen Problemen und Konflikten auf. Worin sehen Sie die Ursachen dafür?*
- *Was wäre Ihrer Meinung nach eine wirkungsvolle Aids-Prävention für Jugendliche? Erarbeiten Sie in kleinen Gruppen Vorschläge.*
- *Kommentieren Sie den Buchtitel »Der Stachel der Liebe«.*

6. ÄLTER WERDEN – ABSCHIED NEHMEN

Es geht ständig bergab …

Der deutsche Philosoph Arthur Schopenhauer* war der Meinung, dass es im Leben eines Menschen ständig bergab geht. Nach der selig träumenden Kindheit und der fröhlichen Jugend käme dann das mühselige Erwachsenenleben und anschließend das jämmerliche Alter. Das gesamte Dasein des Menschen besteht nach Schopenhauer in der Zunahme des Leidens und Unglücklichseins.

- *Nehmen Sie dazu Stellung in Form eines fiktiven Briefes* an Schopenhauer.*

Du schreibst Geschichte

Weil die Welt sich so schnell dreht
weil die Zeit so schnell vergeht
kommst du nicht hinterher
Weil die Hektik sich nicht legt
du in der Masse untergehst
bist du ein Tropfen im Meer

[Refrain:] Doch du lebst länger als ein Leben lang
du bist das womit alles begann
Denn Du schreibst Geschichte
mit jedem Schritt
mit jedem Wort
setzt du sie fort
Du schreibst Geschichte
an jedem Tag
denn jetzt und hier
bist du ein Teil von ihr [Refrain-Ende]

Weil ein Monster vor dir steht
und dir bedrohlich in die Augen sieht
bist du lieber still
Weil jeder dir erzählt
wer du bist und was dir fehlt
vergisst du was du sagen willst

[Refrain]

Weil du nur einmal lebst
willst du, dass sich was bewegt
bevor du gehst
bevor du gehst

[Refrain]

Madsen, Band aus Niedersachsen Album: »Goodbye Logik« (2006)

- *Interpretieren Sie die Überschrift und den Refrain des Songs. Stellt er eine Antwort auf Arthur Schopenhauer dar? Begründen Sie Ihren Standpunkt.*
- *Du lebst länger als ein Leben lang – gestalten Sie dazu eine Collage*.*

Sich erinnern

Caspar D. Friedrich: Lebensstufen (Ausschnitt)

Das Bild wurde 1834 gemalt. Es ist der Familie des Künstlers gewidmet: vorn ist er selbst als alter Mann zu sehen; in der Mitte befindet sich ein Neffe und im Hintergrund sitzen die Töchter und der Sohn des Malers.

- *Beschreiben Sie die verschiedenen Elemente des Bildes. Warum trägt das Bild den Titel »Lebensstufen« ?*
- *Welche Lebensstufen kennen Sie?*

»Eine herrliche Erinnerung«

Die jüdische Kaufmannsfrau Regina van Son lebte im Grindel, dem ehemals jüdischen Viertel von Hamburg. Ihr Mann starb überraschend 1936, zwei Jahre später gelang ihrem Sohn Manfred die Flucht nach England. Von 1938–1942 schrieben sich die Sons Briefe; 1942 starb Regina van Son im Ghetto von Theresienstadt. Ihr Sohn hat eine besonders schöne Erinnerung an seine Mutter bewahrt:

Eigentlich lernte ich meine Mutter so richtig erst in den letzten zehn Jahren[1] kennen. Zurückblickend war sie mir eine ideale Mutter, liebevoll, verzeihend und umsorgend. Sie war immer bescheiden angezogen und trug nur selten Schmuck. Aber am Sabbat[2] schien sie mir eine Prinzessin zu sein, und wir gingen auch immer zusammen in die Synagoge[3]. Wir waren stolz auf unsere Familie, auf die drei von uns: Vater, Mutter und ich. Zuhause sangen wir Sabbat-Gesänge. Beide Eltern waren musikalisch und hatten schöne Stimmen. Das ist eine herrliche Erinnerung. (...)

Im Laufe der Nazi-Katastrophe wuchs meine Mutter über sich selbst hinaus, sie fürchtete sich vor nichts mehr. Am Tage der Kristallnacht[4] schickte sie ein Telegramm nach England »Save me son« , und bat den Postbeamten in der Schlüterstraße, es möglichst schnell abzusenden.

Ich bin stolz auf meine Mutter, und im Geiste sehe ich sie immer vor mir: so liebend und so stark zugleich.

Manfred Vanson, deutsch-jüdischer Unternehmer (1938 nach England emigriert)

(1) gemeint ist die Zeit von 1928–1938
(2) der Sonnabend, jüdischer Feiertag
(3) jüdisches Gotteshaus
(4) Novemberpogrome gegen Juden in Deutschland, 1938

- *Informieren Sie sich über die Ereignisse der »Reichskristallnacht« 1938 und die Judenverfolgung während der Zeit des Nationalsozialismus in Ihrer Stadt oder Gemeinde.*

- *Projektvorschlag: Fragen Sie Ihre Großeltern oder ältere Verwandte nach einer besonders schönen Erinnerung aus ihrem Leben. Zeichnen Sie diese Erinnerung auf und gestalten Sie dazu eine »Erinnerungsreihe«, z. B. als Wandzeitung.*

Begriffskasten

Sich erinnern bedeutet, wichtige Dinge aus seinem Leben noch einmal Revue passieren zu lassen.

Einsamkeit

Von aller Welt verlassen

Meine Lage schien mir schrecklich. Da ich erst auf diese Insel verschlagen worden war, nachdem uns ein heftiger Sturm von dem Ziel unserer beabsichtigten Reise abgebracht und über hundert Stunden weit von der gewöhnlichen Straße der Seefahrer entfernt hatte, musste ich mit gutem Grund annehmen, dass die Vorsehung mich dazu bestimmt habe, auf dieser hoffnungslosen Insel mein Leben auf so traurige Weise zu beschließen. Wenn ich diese Überlegungen anstellte, rollten mir heiße Tränen über die Wangen, und ich beklagte mich zuweilen bitter, dass der Himmel eines seiner Geschöpfe so vollkommen zugrunde richten, so unaussprechlich elend machen und dergestalt heimsuchen kann, dass es fast absurd erscheint, für dieses Leben noch dankbar zu sein.

Ich ging jedoch stets wieder in mich, hing diesen Gedanken nicht weiter nach und tadelte mich auf das Strengste. Eines Tages, als ich mit meiner Flinte auf dem Arm am Ufer spazieren ging und über mein Schicksal tief betrübt war, geriet ich sozusagen in Streit mit meiner eigenen Vernunft, die also zu mir sprach: Du bis freilich von aller Welt verlassen; aber bedenke doch nur, was aus der übrigen Schiffsmannschaft geworden ist! Sind nicht eurer elf in die Schaluppe gestiegen? Wo sind denn die zehn anderen? Warum hat denn der Himmel nicht ihnen das Leben gerettet und dich ertrinken lassen? Warum bist du allein verschont geblieben? Was ist wohl besser, hier oder dort zu sein? Bei den letzten Worten deutete ich mit dem Finger auf das Meer. – Bei jedem Unglück soll man immer das Gute bedenken, das jenes wieder aufwiegt, und nicht vergessen, dass es noch viel schlimmer hätte kommen können.

Daniel Defoe, englischer Schriftsteller

- *Beschreiben Sie unter Berücksichtigung des Bildes die Lage des Schiffbrüchigen auf der Insel.*
- *Interpretieren Sie den Ausspruch: Bei jedem Unglück soll man immer das Gute bedenken.*

Jeder braucht mal die Insel

»Wer einsam ist, der hat es gut,
weil keiner da, der ihm was tut.«
*(Wilhelm Busch,
Dichter und Junggeselle)*

»O Einsamkeit! Du meine Heimat Einsamkeit!
Wie selig und zärtlich redet deine Stimme zu mir!«
(Friedrich Nietzsche, Philosoph und Junggeselle)

»Einsamer sucht Einsame zum Einsamen.«
(Kontaktanzeige)

Die Weisheit ist ein Kind der Einsamkeit. Deshalb scheut der Philosoph das Team. Eine bescheidene Büchergrotte ist ihm tausendmal lieber als ein Großraumbüro. Am wohlsten und am stärksten aber fühlt er sich allein mit der Natur, in den Bergen, in der Wüste, auf einer abgelegenen Insel. Hier lauscht er, ungestört vom Gerede seiner Mitmenschen, der inneren Souffleuse, hier schöpft er aus dem Brunnen der Ruhe die Seelenkraft, die ihn im öffentlichen Leben einen kühlen Kopf und ein aufrechtes Herz bewahren lässt, hier begegnet er allenfalls den anderen Kindern der Einsamkeit: dem Künstler und dem Propheten.

Ich weiß, ich weiß: Nicht jeder Philosoph ist ein Eigenbrötler, und selbst Schopenhauer*, von dem die Weisheit stammt: »Ganz er selbst sein darf jeder nur, solange er allein ist« – selbst der eingefleischte Einzelgänger Schopenhauer ging am liebsten in Gesellschaft seines Pudels aus. Andererseits kann natürlich auch der geselligste Mensch einem einsamen Strand, dem Schweigen im Walde und ganz besonders einer leeren Autobahn etwas abgewinnen. Jeder von uns hat eine philosophische Ader; nur ist es bei dem einen ein Kapillargefäß am kleinen Zeh, beim andern eine Puls- oder Krampfader.

Friedhelm Moser (1954–1999), deutscher Philosoph

- *Welche positiven Seiten hat die Einsamkeit? Ergänzen Sie die Ausführungen von Friedhelm Moser.*
- *Was verstehen Sie unter der »Ruhe der Seelenkraft« ? Schreiben Sie dazu einen Miniaturtext*.*

Begriffskasten

Der Mensch ist *nicht nur* ein soziales Wesen... Er hat ein Potenzial in sich, das über alles hinausgeht, was die Gruppe leistet. Diese gewaltigen Kräfte werden jedoch erst dann freigesetzt, wenn der Mensch in die Einsamkeit geht, sich dem kosmischen Schweigen aussetzt und die Ewigkeit umarmt.

Friedhelm Moser

Pessimist oder Optimist?

Salvador Dalì: Das Auge (1945)

Meine Seele ist leer

Meine Seele ist matt und kraftlos, vergebens drücke ich ihr die Sporen der Lust in die Seite, sie kann nicht mehr, sie bäumt sich nicht mehr auf in ihrem königlichen Sprung. Ich habe alle meine Illusion verloren. Vergebens suche ich mich der Unendlichkeit der Freude hinzugeben, sie kann mich nicht erheben oder vielmehr ich kann mich selber nicht erheben. Einstmals, wenn sie nur winkte, da stieg ich leicht und gesund und wohlgemut. Wenn ich langsam durch den Wald ritt, so war es, als ob ich flöge; wenn jetzt das Pferd, schon nah dem Sturze, schäumt, so scheint es mir, als käme ich nicht vom Fleck. Einsam bin ich, bin es je und je gewesen; verlassen, nicht von den Menschen, das würde mich nicht schmerzen, sondern von den glücklichen Genien der Freude, die mich in zahlreicher Schar umringten, die überall Bekannte trafen, überall eine Gelegenheit mir zeigten. Wie ein betrunkener Mann das ausgelassene Gewimmel der Jugend um sich sammelt, so scharten sie sich um mich, der Freude Elfen, und ihnen galt mein Lächeln. Meine Seele hat die Möglichkeit verloren. Sollte ich mir etwas wünschen, so wünscht' ich mir nicht Reichtum oder Macht, sondern die Leidenschaft der Möglichkeit, das Auge, das allenthalben ewig jung, ewig brennend die Möglichkeit erblickt.

Søren Kierkegaard, dänischer Philosoph*

- *Haben Sie auch schon mal ähnliche Erfahrungen gemacht? Erzählen Sie ein Einsamkeits-Erlebnis.*
- *Ziehen Sie eine Verbindung zwischen dem Bild von Dalí und den Gedanken von Kierkegaard.*
- *Von den Menschen verlassen zu werden, stellt für Kierkegaard kein Problem dar. Für Sie auch nicht? Begründen Sie Ihre Entscheidung.*

Hat der Pessimismus einen Nutzen?

»Das Schlimmste fürchten,
heilt oft das Schlimmste.«

(Shakespeare, »Troilus und Cressida«)

Im Allgemeinen herrscht die Ansicht, dass der Optimismus eine Lebenseinstellung ist, die dem Pessimismus durchaus vorzuziehen sei. Mit gutem Grund: Unsere Einstellungen beeinflussen unsere Wahrnehmung, unser Empfinden, ja sogar unsere Gesundheit Jemand, der stets glaubt, ihm werde etwas Übles widerfahren, wird auch schneller das Negative wahrnehmen, es eventuell sogar »anziehen«. Wenn ich glaube, dass mir jederzeit ein Unfall passieren wird, werde ich vorsichtiger sein, mich angespannter bewegen und somit auch eher ein Missgeschick haben. Glaube ich, von Krankheiten zerfressen zu werden, fällt mir jedes kleine Unwohlsein auf, ich werde mich schneller krank fühlen, mich eventuell schonen, möglicherweise hypochondrisch werden und nicht zuletzt mein Immunsystem schwächen – diese erstaunliche Tatsache hat die Psychoneuroimmunologie festgestellt. Denke ich, ich sei nichts wert, werde ich mich selbst klein machen und tatsächlich immer weniger werden, da ich meine positiven Möglichkeiten nicht erkenne. Bei jemandem, dessen Lebenseinstellung optimistisch ist, werden die entgegengesetzten Phänomene auftreten.

In der Tat: Ein solcher Pessimismus ist nicht gerade empfehlenswert. Hat der Pessimismus – so wie er bei Schopenhauer* oder in gewisser Weise auch im Buddhismus erscheint – dennoch einen Nutzen?

Aljoscha Schwarz und Roland Schweppe,
zeitgenössische deutsche Autoren

- *Beantworten Sie die letzte Frage.*
- *Wiederholen Sie, welche Rolle das Leiden im Buddhismus spielt.*
- *Wie würden Sie einen Optimisten beschreiben? Erstellen Sie das Porträt eines Optimisten.*

Sterben und Tod

Der erste Tod

Purukupali und Bima hatten einen kleinen Sohn Djinini. Bima nahm Djinini tagsüber mit auf Nahrungssuche, und wenn er müde wurde, legte sie ihn in den Schatten eines Baumes zum Schlafen. Purukupali und Bima waren glücklich miteinander, bis eines Tages ein anderer Mann namens Tjarapa Bima dazu überredete, den schlafenden Djinini eine Weile sich selbst zu überlassen, und mit ihm zu gehen.

Tjarapa schmeichelte und bedrängte Bima so lange, bis sie schließlich einwilligte und ihren schlafenden Sohn verließ, um sich mit Tjarapa in den Busch zu stehlen. Es war ein sehr heißer Tag, und Bima vergaß die Zeit. Als sie endlich zu ihrem Kind zurückkehrte, war der Schatten des Baumes längst weitergewandert, und Djinini lag tot in der grellen Sonnenhitze. Als Purukupali erfuhr, wie sein Sohn umgekommen war, kannten seine Trauer und seine Empörung keine Grenzen. In blinder Wut hieb er mit seinem Wurfholz auf Bima ein, um sie für ihre Eigensucht und Pflichtvergessenheit zu bestrafen.

Bima entfloh in den Wald. Tjarapa, dessen Reue über den traurigen Ausgang seiner Begehrlichkeit für Bima groß war, flehte Purukupali an, ihm den Leichnam Djininis zu überlassen, damit er ihn in drei Tagen wieder zum Leben erwecken könnte. Doch Purukupali forderte Tjarapa zum Zweikampf. Beide Männer fochten einen langen und erbitterten Kampf und fügten einander tiefe Wunden zu, bis sie schließlich völlig erschöpft und schwerverwundet zu Boden fielen.

Dann erhob sich Purukupali und nahm seinen toten Sohn in die Arme. Rückwärts schreitend watete er in die See und verkündete dabei, dass von nun an allen Lebewesen auf der Erde das gleiche Schicksal wie seinem Sohn, der Tod, beschieden sei. An der Stelle, wo Purukupali mit Djinini versank, bildete sich ein gewaltiger Wasserstrudel, der auch heute noch so gefährlich ist, dass sich niemand in seine Nähe wagt. Tjarapa ergriff seinen Feuerbrand und stieg damit in den Himmel auf, wo er sich in den Mond verwandelte, der heute noch die Narben der Wunden trägt, die ihm Purukupali zugefügt hatte. Auch Tjarapa unterliegt dem Schicksal des Todes und stirbt immer wieder, doch nach drei Tagen ruft er sich jedes Mal wieder ins Leben zurück und tritt seine Himmelswanderung aufs Neue an.

Bima, die in den Wald geflohen war, nahm die Gestalt des Brachvogels an, dessen laute Klagerufe noch heute allnächtlich das Leid verkünden, das Bima um den Tod ihres Kindes und um das Unheil empfand, das ihr Handeln der Welt bescherte.

Australisches Märchen

- *In welcher Form wird der Tod in diesem Märchen dargestellt?*
- *Suchen Sie nach weiteren Formen des Todes und erstellen Sie dazu ein Schema.*
- *Wann sind Sie zum ersten Mal mit dem Tod in Berührung gekommen? Tauschen Sie darüber Erfahrungen aus.*

Nur Menschen sind sterblich

Alle Kinder halten sich für unsterblich. Die ganz kleinen glauben sogar, dass sie allmächtig sind und sich die Welt nur um sie dreht (bis auf jene Kinder, in deren Augen nichts Kindliches mehr ist, weil sie von früh auf grauenhafte Lebensbedingungen ertragen mussten). Danach jedoch wachsen wir, wenn die Idee des Todes in uns wächst. Andererseits verwandelt uns die Gewissheit des Todes in wirkliche Menschen, in »Sterbliche«. Bei den Griechen bezeichnete man »menschlich« und »sterblich« mit demselben Wort, wie es sich gehört.

Pflanzen und Tiere gehören in diesem Sinne nicht zu den Sterblichen, weil sie nicht wissen, dass sie sterben werden. Sie wissen nicht, dass sie sterben müssen: Sie sterben zwar, jedoch ohne jemals ihre ganz individuelle Beziehung zum Tod zu kennen. Wilde Tiere ahnen die Gefahr, sie werden traurig, wenn sie krank oder alt sind, doch sie wissen nichts von ihrer unlöslichen Verbindung mit dem Tod. Nicht wer stirbt ist sterblich, sondern wer die Gewissheit hat, sterben zu müssen.

Wir können sogar sagen, dass deshalb weder Pflanzen noch Tiere im gleichen Sinne am Leben sind wie wir. Die wirklichen Lebenden sind nur die Sterblichen, weil wir wissen, dass wir aufhören werden zu leben und dass eben darin das Leben besteht. Einige meinen, dass es unsterbliche Götter gebe; andere bestreiten dies. Aber niemand behauptet, dass sie leben: Nur Jesus wird der »lebendige Gott« genannt, und dies, weil man sagt, dass er »Fleisch geworden« sei – das heißt Mensch wurde, unter uns lebte und wie wir sterben musste.

Fernando Savater, zeitgenössischer spanischer Philosoph*

- *Welche Stimmung vermittelt Ihnen das Bild von Edvard Munch?*
- *Warum sind nur Menschen sterblich, Tiere und Pflanzen aber nicht? Teilen Sie die Gedanken des Autors? Begründen Sie Ihren Standpunkt.*
- *Kinder halten sich für unsterblich. Erinnern Sie sich an solche Gedanken aus Ihrer Kindheit? Schreiben Sie zum Begriff »unsterblich« ein Elfchen*.*

Ich glaube an ein Leben nach dem Tod. Allerdings nicht auf Wolke sieben. Auch nicht in meiner Gestalt. Vielleicht werde ich als Vogelgezwitscher da sein. Oder als Lichtreflex auf den Blättern.
Ich wäre gern ein Delfin. Aber bitte keiner, der sich in irgendwelchen Netzen verfängt.

Armin Rohde, Schauspieler

Ich habe festgestellt, dass Menschen, die ein pralles, volles Leben gelebt haben, besser sterben können. Darum ist es mein Anliegen, mit den Menschen, mit denen ich zu tun habe, das Leben so prall und voll wie möglich zu leben, mit Schmerzen, mit Glück. Ich denke, man kann dann ganz gut den Körper verlassen.

Barbara Rütting, Schauspielerin und Autorin

Ich habe schon Todeserfahrung gemacht, weil ich bergsteige. Man kennt das Risiko abzustürzen und die damit verbundenen Gefahren. In gefährlichen Situationen denke ich daran, ob ich mein Leben so gelebt habe, wie ich es leben wollte.

Rufus Beck, Schauspieler und deutsche Stimme von Harry Potter

Sterblichkeit
Das Leben der Menschen zeichnet sich durch eine individuelle Lebensgeschichte aus.
Diese individuelle Lebensgeschichte unterscheidet sich von allen anderen natürlichen Prozessen dadurch, dass sie linear verläuft und so den Kreislauf des biologischen Lebens gleichsam durchschneidet. Sterblich sein – das heißt in einem Universum, in dem alles im Kreis schwingt und Anfang und Ende immerfort dasselbe sind, einen Anfang haben und ein Ende un

aher in die ganz und gar »un-
atürliche« Form einer gerad-
inigen Bewegung gebannt sein.
Jur darum, meinte Alkmaion[1],
ind die Menschen vergänglich,
weil sie den Anfang nicht an das
nde zu knüpfen vermögen.«

Hannah Arendt,*
deutsch-jüdische Philosophin
(seit 1933 im Exil, 1941 emigriert
in die USA)

.) griechischer Sagenheld, der seine
lutter tötete und dadurch seinen
ater rächte

Wir sollten uns nicht so sehr bemühen, uns ein Leben nach dem Tod vorzustellen. Es reicht, wenn man glauben darf, dass der Tod nicht das Ende von allem ist.

Wolfgang Schäuble, Politiker

Ich glaube daran, das unsere Energie und das, was wir in diesem Leben versuchen und vielleicht auch realisieren, in Form von Molekularteilchen übrig bleiben.

Dietmar Schönherr, Schauspieler und Entwicklungshelfer

Ich spüre oft liebe Menschen, die verstorben sind, in meiner Nähe. Andere lachen darüber. Ich nicht, weil ich diese Menschen wirklich spüre und sie in meiner Näher habe und das Gefühl habe, einen Ratschlag von ihnen zu bekommen.

Uschi Glas, Schauspielerin

- *Erklären Sie den Ausspruch von Alkmaion.*
- *Warum verläuft das Leben der Menschen linear?*
- *Welcher Ausspruch der prominenten Deutschen kommt Ihrer Auffassung von Leben und Tod am nächsten? Begründen Sie Ihre Wahl.*
- *Projektvorschlag: Suchen Sie sich zum Abschluss Ihrer Reise durch das Leben einen Begriff aus diesem Buch aus und gestalten Sie seine vielfältigen Facetten in einem philosophischen Denktagebuch*.*

ANHANG

Kleines Methodenbuch der Ethik

Ein Akrostichon ist eine Form, bei der die Anfangsbuchstaben untereinander geschrieben ein Wort ergeben. Das Wort soll nun mit weiteren Wörtern ausgeschmückt werden. Diese müssen mit dem jeweiligen Buchstaben beginnen oder enden. Der Buchstabe kann auch in der Mitte stehen.
Ein Akrostichon dient in der Ethik dazu, über schwierige Begriffe wie Glück oder Freundschaft nachzudenken.

In einem **Begriffsnetz** wird der Begriff, über den nachgedacht werden soll, in die Mitte eines Blattes geschrieben. Und um ihn herum werden andere Begriffe oder Ausdrücke postiert, die ermöglichen, den Hauptbegriff näher zu charakterisieren: Beim Begriff Glück könnten zum Beispiel die Begriffe sich wohlfühlen, Harmonie, Herzklopfen hingeschrieben werden. Dabei kann zwischen dem Kern des Begriffs (ganz wichtige Begriffe) und dem Umfeld des Begriffs (nicht ganz so wichtige Begriffe) unterschieden werden. Neben dem Kreis können Sie noch weitergehende Bemerkungen zu dem Begriff machen.

Mit einem Begriffsnetz soll in der Ethik über einen Begriff intensiv nachgedacht und herausgefunden werden, welche Gegenstände er bezeichnet.

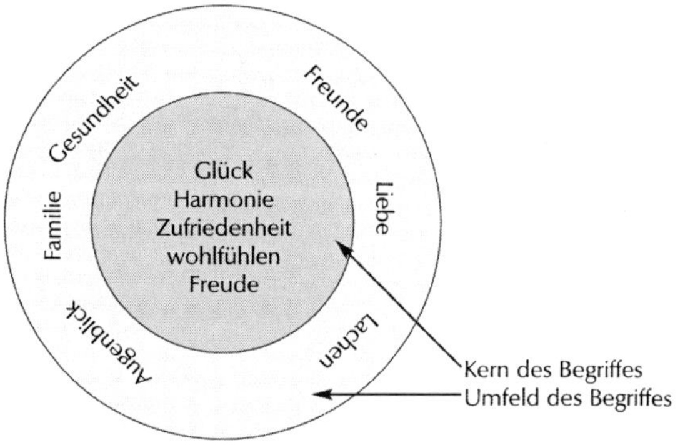

Das **Begründen von Meinungen** ist ein wichtiger Bestandteil der Ethik. Wenn jemand in einer Diskussion über Freundschaft oder Glück eine bestimmte Meinung vertritt, dann ist es wichtig, den anderen Menschen zu erklären, warum diese Meinung vertreten wird. Die Stützung einer Meinung durch einen Grund heißt Argumentation: Du bist mein Freund, **weil** ich mich auf dich verlassen kann.

Eine **Collage** ist ein Klebebild. Der Begriff kommt aus dem Französischen und heißt ursprünglich leimen oder zusammenkleben. Um eine ethische Aussage wie z. B. »Alle Menschen haben ein Gewissen« anschaulich darzustellen, werden Bilder, Fotos und (kurze) Texte wie zum Beispiel Sprichwörter herausgesucht und so zusammengestellt, dass sie wichtige Gedanken zum Thema ausdrücken. Dazu können auch eigene Kommentare geschrieben werden.

Das Wort **Definition** kommt aus dem Lateinischen und bedeutet »Umgrenzung«. Damit ist gemeint, dass Begriffe eingegrenzt werden, indem man ihre wesentlichen Eigenschaften hervorhebt. Umgangssprachlich heißt definieren, das Wesen einer Sache darstellen oder den Kern eines Begriffs (siehe auch Begriffsnetz).

Ein **Elfchen** trägt in der Ethik dazu bei, über schwierige Begriffe wie zum Beispiel Glück nachzudenken. Hierbei handelt es sich um eine Gedichtform, die aus elf Wörtern besteht. Diese werden auf fünf Zeilen verteilt:

Glück	1. Zeile = 1 Wort (der zu klärende Begriff)
kommt unverhofft,	2. Zeile = 2 Wörter
ich habe Herzklopfen	3. Zeile = 3 Wörter
und fühle mich wohl –	4. Zeile = 4 Wörter
rundherum.	5. Zeile = 1 Wort

Der **fiktive Brief** trägt dazu bei, wichtige Gedanken zu einem ethischen Thema aufzuschreiben und sich dabei einen direkten Gesprächspartner wie zum Beispiel einen Philosophen oder eine Philosophin vorzustellen. Berühmte (fiktive) Briefe hat der Philosoph Seneca (4 v. Chr.–65 n. Chr.) an seinen Schüler Lucilius geschrieben.

Das Gedankenexperiment ermöglicht spielerische Versuche mit Gedanken und fantastischen Möglichkeiten, die nicht auf Fakten beruhen. Dabei werden Beziehungen zwischen bestimmten Dingen konstruiert, die in der Wirklichkeit so nicht vorkommen, aber dennoch existieren *könnten* und manchmal sogar dem gesunden Menschenverstand zuwiderlaufen, wie z. B.: Was würde passieren, wenn es auf anderen Planeten Menschen gäbe und die zu uns auf die Erde kommen würden?

Gedankenexperimente haben immer die Form »Was wäre, wenn (nicht)« und dienen dazu, philosophische Fantasie zu entwickeln.

Die **Gedankenkette** ist eine Art philosophisches Gedicht, bei dem das letzte Wort der vorangegangenen Zeile auf der folgenden Zeile wiederholt wird. Am Schluss sollte dann die eigene Meinung des Autors oder der Autorin stehen, ausgedrückt durch: Ich finde … Ich fühle … Ich wünsche mir …

Freundschaft braucht **Vertrauen**.
Vertrauen gibt mir **Nora**.
Nora ist meine beste Freundin …

Ein Galeriespaziergang ist eine kooperative Lernmethode. Es werden kleine Gruppen gebildet und in den Ecken des (Klassen-) Raumes große Bögen Papier an die Wände geheftet. Auf jeden der Bögen werden eine Frage, ein kurzer Text oder eine Aussage geschrieben bzw. ein Bild oder eine Karikatur zum Thema aufgeklebt.

Jede Gruppe beginnt an einem Bogen und »spaziert« nun von einer Station zur nächsten, um sich für eine bestimmte Zeit mit dem jeweiligen Text oder Bild zu befassen. Sie fügt dann weitere Gedanken, Ideen, Assoziationen auf das dazugehörige Plakat hinzu.

Wenn die Gruppe wieder an ihrem Bogen angekommen ist, werden die niedergeschriebenen Ideen der Vorgruppe aufgenommen, ergänzt und weiterentwickelt.

Am Ende werden die Plakate ausgestellt, sodass alle die Fülle der zusammengetragenen Ideen und Assoziationen betrachten und kommentieren können.

Mindmap ist mit einer »geistigen Landkarte« vergleichbar. Ganz ähnlich wie eine Straßenkarte ermöglicht sie Folgendes: zu planen, Informationen zu sammeln, nachzudenken, Zeit zu sparen. Im Zentrum steht das Thema oder das Vorhaben. Die »Hauptstraßen« sind die Teilbereiche. Mit dem Anlegen von »Nebenstraßen« und »Gassen« (Unterbereiche) wird die Mindmap nach und nach vervollständigt.

Ein **Miniaturtext** ist ein Text, der aus zehn Zeilen besteht, die in fünf Minuten geschrieben werden müssen. Er dient in der Ethik dazu, Bildbetrachtungen durchzuführen oder in einer Art Gedankenblitz eigene Gedanken oder Gefühle zum Ausdruck zu bringen.

Das **philosophische Denktagebuch** stützt sich auf die Vorliebe einiger Menschen, wichtige Gedanken über ihr Leben oder einzelne Lebensabschnitte in einem (manchmal geheimen) Tagebuch festzuhalten. Darin werden Erfahrungen, Ideen oder Gefühle notiert, die zu einem bestimmten Zeitpunkt für die Schreibenden eine wichtige Bedeutung haben. Durch das Niederschreiben erhalten sie einen bestimmten Sinn; während des Schreibprozesses erfolgt gleichzeitig eine gedankliche Auseinandersetzung.

Als ergänzende Medien können Gedichte, Aphorismen, kurze Textauszüge von Philosophinnen und Philosophen in das Tagebuch aufgenommen werden.

Ein **Standbild** ist eine Pantomime in der Gruppe zur Gestaltung eines Begriffes oder Gefühls durch einen Körperausdruck. Jeder Teilnehmer und jede Teilnehmerin muss innerhalb der Gruppe bei der Erstellung des Gesamtbildes eine spezielle Funktion übernehmen.

In einer **Standpunktrede** wird ein Standpunkt zu einem ethischen Problem, zu einer politischen oder moralischen Frage vertreten oder der Standpunkt eines Philosophen bzw. einer Philosophin verteidigt.

Zunächst sollte in fünf Minuten eine Rede zum eigenen Standpunkt vorbereitet werden, die dann im Plenum in einer Minute gehalten wird. Ein Mitschüler stoppt die Zeit. Dabei sind folgende Arbeitsschritte zu beachten:

1. Formulieren Sie präzise Ihren Standpunkt.
2. Begründen Sie Ihren Standpunkt.
3. Geben Sie nähere Erläuterungen oder belegen Sie mit Beispielen oder Texten die Richtigkeit Ihres Standpunkts.
4. Ziehen Sie am Ende ein Fazit oder benennen Sie Konsequenzen.
5. Richten Sie einen Appell an Ihre Zuhörer.

Glossar

Hannah Arendt (1906–1975)
emigrierte nach ihrem Philosophiestudium in Deutschland aufgrund ihrer jüdischen Herkunft in die USA, wo sie 1963 Philosophieprofessorin an der Universität von Chicago wurde. Sie arbeitete vor allem auf dem Gebiet der politischen Philosophie. In ihrem Buch »Macht und Gewalt« analysierte Arendt Formen und Entstehung von Gewalt und deren Auswirkungen auf die Gesellschaft.

Élisabeth Badinter (geb. 1944)
ist eine zeitgenössische französische Philosophin, die an der Ecole Polytechnique in Paris lehrt. Sie hat sich vor allem mit Fragen der Gleichberechtigung von Mann und Frau beschäftigt und dazu mehrere Bücher veröffentlicht. Eines ihrer bekanntesten Werke heißt »Ich bin Du«. Darin beschreibt Elisabeth Badinter, wie sich die Unterschiede zwischen Mädchen und Jungen im 20. Jahrhundert immer mehr verwischen.

Jeremy Bentham (1748–1832)
war ein englischer Jurist und Philosoph. Er gilt als der Begründer der philosophischen Theorie des Utilitarismus, deren wesentliches Handlungsprinzip die Nützlichkeit ist. Benthams wichtigste Schrift heißt »Einführung in die Prinzipien der Moral und der Gesetzgebung«.

Hildegard von Bingen (1098–1179)
gehört zu den berühmtesten Frauen des frühen Mittelalters: Sie war Philosophin, Ärztin, Äbtissin und Mystikerin (Seherin religiöser Erlebnisse) und verfügte über umfangreiche Kenntnisse der Tier-, Pflanzen- und Mineralienwelt. Hildegard hat auch einige Musikstücke komponiert. Sie erhielt bereits zu Lebzeiten den Beinamen »Prophetissa teutonica« (die deutsche Seherin). Sie trat bereits mit 14 Jahren ins Kloster ein und lebte 20 Jahre in Abgeschiedenheit und Stille, bevor sie ihr eigenes Frauenkloster gründete.
In ihrem »Buch der Lebensverdienste« gibt Hildegard Ratschläge für eine moralisch gute Lebensführung des Menschen. Sie charakterisiert darin 35 Tugenden wie z. B. Herzensgüte und Gerechtigkeit und grenzt sie von ebenso vielen Untugenden wie Lüge und Gewinnsucht ab.

Georg Büchner (1813–1837)
war Mediziner und Schriftsteller. Er gründete 1833 in Gießen die »Gesellschaft der Menschenrechte«, die u.a. für Freiheitsrechte wie Meinungs- und Versammlungsfreiheit in Deutschland eintrat. Zu seinen wichtigsten Werken gehört das Theaterstück »Leonce und Lena«, in dem es um Langeweile und Lebensüberdruss geht. Bekannt wurden auch seine Flugschrift »Der hessische Landbote«, in der er sich für eine gerechte Landverteilung unter den Bauern einsetzte, und das Revolutionsstück »Dantons Tod«. Georg Bücher gilt als einer der »geistigen Väter« der Revolution von 1848.

Epikur (341–270 v. Chr.)
gehört zu den bedeutendsten griechischen Philosophen, über sein Leben ist aber wenig bekannt. Er gründete in Athen eine Philosophenschule und hat über 300 Bücher geschrieben, von denen nur noch Fragmente erhalten geblieben sind. Epikur baute in der Naturphilosophie auf der Atomistik des Philosophen Demokrit auf, wonach die Welt aus kleinsten Teilchen zusammengesetzt ist. In der Ethik ging er davon aus, dass der Mensch nach einem glückseligen Leben strebt. Dabei ist die Lust der Ursprung und das Ziel. Der Hauptzweck aller Handlungen ist ein Leben frei von Schmerz und Furcht.

Ethik
wird von dem griechischen Wort *ethos* abgeleitet, was auf Deutsch soviel wie Gewohnheit, Sitte oder Regel bedeutet. Die Ethik ist eine wichtige Disziplin der Philosophie, die oft auch als praktische Philosophie oder Moralphilosophie bezeichnet wird. Sie beschäftigt sich mit der Frage, wie der Mensch ein gutes Leben führen kann.

Gerechtigkeit
ist nach der Auffassung zahlreicher Philosophen eine der wichtigsten Tugenden. Sie wurde erstmals von Platon in seinem Werk »Der Staat« als Tugend charakterisiert, die jedem das Seine zugesteht. Damit ist gemeint, dass jeder Mensch seinen Fähigkeiten entsprechend gefördert werden sollte.
In der Philosophiegeschichte wurden verschiedene Formen von Gerechtigkeit entwickelt, deren Kernstück die Gleichheit des Menschen darstellt. Diese Gleichheit bezieht sich sowohl auf die Verteilung gesellschaftlicher Güter als auch auf die Gleichbehandlung der Menschen vor dem Gesetz.

André Glucksmann (geb. 1937)
gehört zu den französischen Philosophen auf dem Gebiet der politischen Philosophie. Seine wichtigsten Themen sind die philosophische Auseinandersetzung mit dem Holocaust sowie Krieg und Frieden. Bekannt wurde Glucksmann 1983 mit dem Buch »Philosophie der Abschreckung«.

Heraklit von Ephesos (540–480 v. Chr.)
wurde in der türkischen Stadt Ephesos geboren, die damals zum griechischen Einflussbereich gehörte. Er entstammte einer Königsfamilie und übte das Amt eines Priesters aus, das er später jedoch an seinen jüngeren Bruder übergab. Über andere Details seines Lebens ist wenig bekannt. Er soll in Ephesos eine Philosophenschule gegründet haben, die er bis zu seinem Tode leitete und an der nach nicht bestätigten Überlieferungen auch Frauen teilnehmen durften. Für ihn war der Logos als eine Art Weltvernunft das Urprinzip der Welt, die sich in ständiger Bewegung befindet. Heraklit prägte den berühmten Satz: Panta rei oder auf Deutsch »Alles fließt«.

Søren Kierkegaard (1813–1855)
ist der berühmteste dänische Philosoph. Er stammte aus einer reichen Kaufmannsfamilie und studierte zunächst Theologie. Nach Abschluss seines Studiums widmete er sich der Philosophie. Da er nach dem Tod seines Vaters ein beträchtliches Vermögen geerbt hatte, blieb er bis zu seinem Tod finanziell unabhängig. Kierkegaard erkrankte wie sein Vater

an Depressionen (seelischen Schwankungen des Gemüts), die ihn ein Leben lang quälten. Themen seines philosophischen Schaffens sind deshalb auch Grundbefindlichkeiten des menschlichen Lebens wie Religiosität, Angst, Verzweiflung, Krankheit und Tod. Vor allem der Begriff der Angst hatte für Kierkegaard ein große Bedeutung. Sein wichtigstes Buch heißt »Entweder – oder«.

Konstantin Kolenda (1934–1993)

war ein amerikanischer Philosoph, der an der Rice University in Texas lehrte. Er hat nicht nur Bücher für Erwachsene geschrieben, sondern auch für Jugendliche wie z.B. das Buch »Ethik für die Jugend«, das 1986 auch in deutscher Sprache erschienen ist.

Alexandra Kollontaj (1872–1952)

wurde in einer russischen Generalsfamilie in St. Petersburg geboren und löste sich nach einer sehr frühen Ehe von ihrem Mann, einem Ingenieur. Sie studierte in St. Petersburg und Zürich Philosophie und engagierte sich in den philosophischen Zirkeln des russischen Marxisten Georgi Plechanow.

Alexandra Kollontaj veröffentlichte vor und während der Revolution von 1917 Schriften über die Emanzipation der Frau. Nachdem sie für kurze Zeit Volkskommissarin in Lenins Kabinett gewesen war und abweichende Ansichten über die Revolution und die Stellung der Frau in einer sozialistischen Gesellschaft vertreten hatte, wurde sie als Diplomatin nach Skandinavien und Mexiko beordert – ein verdecktes Exil.

Astrid Lindgren (1907–2002)

ist die bekannteste schwedische Kinder- und Jugendbuchautorin, die mit Büchern wie »Pippi Langstrumpf« oder »Die Kinder von Bullerbü« Weltruhm erlangte. Mit großem Einfühlungsvermögen hat sie Wünsche und Träume von Kindern gestaltet und auch ernste Themen wie Tod und Krankheit in ihr literarisches Schaffen integriert.

John Locke (1632–1704)

war Arzt, Politiker, Erzieher und Philosoph. Auf dem Gebiet der politischen Philosophie schrieb er »Zwei Abhandlungen über die Regierung«, in denen er das Prinzip der Gewaltenteilung zwischen Staat und Parlament begründete und auf der Basis des Naturrechts allgemeine Menschenrechte forderte.

Mechthild von Magdeburg (ca. 1212–1283)

wurde in Magdeburg als Kind einer sächsischen Adelsfamilie geboren und erhielt nach nicht bestätigter mündlicher Überlieferung bereits als Kind eine umfassende weltliche philosophische Bildung. Um 1230 entschied sie sich, ins Kloster St. Agnes bei Magdeburg einzutreten. Über die näheren Umstände ihres Lebens ist sehr wenig bekannt; einzige überlieferte Quelle sind ihre eigenen Bücher, insbesondere ihr Offenbarungsbuch »Das fließende Licht der Gottheit«. Es enthält Formen des höfisch-weltlichen Minnesangs und viele philosophische Reflexionen, wie z. B. über die Liebe.

Michel de Montaigne (1533–1592)

entwickelte die Form der philosophischen Essayistik, eine Art Kurzprosa, in der lebensweltliche philosophische Themen wie Glück, Gerechtigkeit oder Tod reflektiert werden.

Nawal El Saadawi (geb. 1931)
ist Ärztin, Schriftstellerin und Philosophin und wurde 1931 in einem kleinen Dorf am Nil in Ägypten geboren. Sie gründete die Arabische Solidaritätsliga für Frauen, die sich für die Rechte von muslimischen Frauen in arabischen Ländern einsetzt. In ihrem Buch »Fundamentalismus gegen Frauen« schildert El Saadawi, die auch schon mehrfach inhaftiert wurde, Schicksale von ägyptischen Frauen und analysiert Gründe für den islamischen Terrorismus.

Fernando Savater (geb. 1947)
lehrt Philosophie an der Universität Computlense in Madrid in Spanien. Er wurde in Deutschland u. a. mit seinem Buch »Tu was du willst« bekannt, in dem es um ethische Werte für Jugendliche geht.

Arthur Schopenhauer (1788–1860)
gehört zu den wichtigsten deutschen Philosophen des 19. Jahrhunderts. Nach dem Studium der Philosophie gelang es ihm nicht, Professor zu werden. Da er aus einer reichen Kaufmannsfamilie stammte, war er Zeit seines Lebens finanziell unabhängig.

Seine Ethik baut auf dem Prinzip des Leidens auf: Da alles Leben Leiden ist, muss jeder Einzelne darum bemüht sein, nicht nur seine eigenen Schmerzen, sondern auch die seiner Mitmenschen zu lindern. Aus diesem Grund wird das Gefühl des Mitleids zum zentralen Prinzip der Moral. Es treibt die Menschen an, einander Gutes zu tun. Schopenhauers Hauptwerk trägt den Titel »Die Welt als Wille und Vorstellung«.

Tugend
heißt, dass der Mensch eine moralisch gute Lebensführung anstreben soll. Dazu gehören nach der griechischen Tradition drei Bestandteile: Wissen (jemand weiß, dass er Gutes tut), Können (jemand weiß, wie man Gutes tut) und Handeln (jemand tut das Gute in konkreten Lebenssituationen).

Literaturverzeichnis

Hannah Arendt: Denktagebuch. Piper Verlag, München/Zürich 2002, S. 18
Astrid Lindgren: Steine auf dem Küchenbord. Übertr. ins Dt. von Thyra Dohrenburg, Oetinger Verlag, Hamburg 2000, S. 10
Jostein Gaarder: Hallo, ist da jemand? Übertr. ins Dt. von Gabriele Haefs, Hanser Verlag, München/Wien 1999, S. 8/9
Roland Simon-Schaefer: Kleine Philosophie für Berenike. Reclam, Leipzig 2001, S. 15
Ekkehard Martens: Vom Staunen oder die Rückkehr der Neugier. Reclam, Leipzig 2003, S. 9
Jürgen Bennack: Zerrissen. In: Klaus F. Schmidt-Mâcon (Hg.): Kindheit im Gedicht. Brentano-Gesellschaft, Frankfurt am Main 2002, S. 74
Susanne Porsche: Kinder wollen Werte. Südwest Verlag, München 2003, S. 14
John Locke: Gedanken über Erziehung. Übertr. ins Dt. von Heinz Wohlers, Reclam, Stuttgart 1970, S. 150
Konstantin Kolenda: Ethik für die Jugend. Übertr. ins Dt. von Barbara Brüning, Verlag für Kinder und Eltern, Hamburg 1986, S. 38/39
Gernot Böhme: Briefe an meine Töchter. Insel-Verlag, Leipzig 1995, S. 135/136
Gedicht von Friederike Mayröcker, in: Hans-Joachim Gelberg (Hg.): Großer Ozean. Beltz & Gelberg, Weinheim 2000, S. 165
Sprichwörter aus: Karl Simrock (Hg.): Die deutschen Sprichwörter. Albatros Verlag, Düsseldorf 2003, S. 128 und 532
Daniel Kehlmann: Die Vermessung der Welt. Rowohlt, Reinbek bei Hamburg 2005, S. 54/55
Fernando Savater: Tu, was du willst. Ethik für die Erwachsenen von morgen. Übertr. ins Dt. von Wilfried Hof, Campus Verlag, Frankfurt a. M./New York 1995
Hildegard von Bingen: Der Mensch in der Verantwortung – das Buch der Lebensverdienste. Übertr. ins Dt. von Heinrich Schipperges, Otto Müller Verlag, Salzburg 1972, S. 120
Andreas Brenner und Jörg Zirfas: Lexikon der Lebenskunst, Reclam, Leipzig 2002, S. 105
Gedicht von Reiner Kunze, in: Hans-Joachim Gelberg (Hg.): Großer Ozean. A.a.O., S. 148
Konstantin Kolenda: Ethik für die Jugend. A.a.O., S. 17
Michel de Montaigne: Essais. Erstes Buch. Übertr. ins Dt. von Hans Stilett, Goldmann, München 2002, S. 36/37
Nawal El Saadawi: Fundamentalismus gegen Frauen. Übertr. ins Dt. von Aminta Dallas-Mahmoud, Hugendubel (Diederichs), Kreuzlingen/München 2002
Carola Meier-Seethaler: Gefühl und Urteilskraft. Ein Plädoyer für die emotionale Vernunft. Verlag C. H. Beck, München 2001, S. 359/360
Klaus Waller: Von Achtung bis Zivilcourage – Lexikon der Werte und Tugenden. Kreuz Verlag, Stuttgart/Zürich 2002, S. 68/69
Mechthild von Magdeburg: Das fließende Licht der Gottheit. Übertr. ins Dt. von Margot Schmidt, Frommann-Holzboog, Stuttgart-Bad Cannstatt 1995, S. 98/99
Christian Bieniek: Alles easy oder was? Arena Verlag, Würzburg 2005, S. 66–68
Alexandra Kollontaj: Die neue Moral und die Arbeiterklasse. Seehof Verlag, Berlin 1920, S. 61
Christine Koglin: Jung und Alt in der Geschichte. In: Körberstiftung (Hg.): Spuren suchen. A.a.O., S. 16 und 20
Barbara Stiegler: Mutter-, Vater-, Kinder-los. Friedrich Ebert Stiftung, Bonn 2006, S. 11/12
Bénézet Bujo: Die afrikanische Sicht der Menschenrechte. In: Johannes Hoffmann (Hg.): Begründung von Menschenrechten aus der Sicht unterschiedlicher Kulturen. Verlag für Interkulturelle Kommunikation, Frankfurt am Main 1991, S. 219/220

Élisabeth Badinter: Ich bin Du – auf dem Weg in die androgyne Gesellschaft. Übertr. ins Dt. von Friedrich Griese, Deutscher Taschenbuchverlag (dtv), München 1994, S. 200/201
Gedicht von Saskia im Besitz der Autorin
Friedhelm Decher: Besuch vom Mittagsdämon – Philosophie der Langeweile. Zu Klampen, Lüneburg 2000, S. 7
Josef Pieper: Lesebuch. Kösel Verlag, München 1981, S. 180 und 173/174
Gedanken von Julia, in: Hamburger Abendblatt vom 25. 11. 2005, S. 3
Fritz Riemann: Grundformen der Angst. Ernst Reinhardt Verlag, 36. Auflage, Basel/München 2003, S. 7
Bruno Nardini/Rudolf Hagelstange (Hgg.): Die Fabeln des Leonardo da Vinci. Übertr. ins Dt. von Rudolf Hagelstange, Arena Verlag, 2. Auflage, Würzburg 1975, S. 40
Robert Nozick: Die Erlebnismaschine. In: Michael Baurmann/Hartmut Kliemt (Hgg.): Glück und Moral. Reclam, Stuttgart 1987, S. 20
Emilie du Châtelet: Über das Glück. In: Ruth Hagengruber (Hg.): Klassische philosophische Texte von Frauen. dtv, München 1998, S. 121
Amon Barth: Kiffen. In: Die Welt, 25. November 2005
Epikur: Die Hauptlehrsätze. In: Josef M. Werle (Hg.): Epikur für Zeitgenossen. Goldmann, München 2002, S. 17
Jeremy Bentham: Freud und Leid. In: Otfried Höffe: Einführung in die utilitaristische Ethik. Verlag Carl Beck, München 1975, S. 35
Hildegard von Bingen: Das Gesundheitsbuch. Naumann & Göbel Verlagsgesellschaft, Köln 2005, S.28
Sabine Olff: Mehr als 68 Millionen Aids-Tote bis 2022 befürchtet. In: Die Welt, 3. Juli 2002
André Glucksmann: Der Stachel der Liebe. Übertr. ins Dt. von Eva Moldenhauer, Artemis & Winkler, München 1995, S. 51/52
Gedanken von Arthur Schopenhauer: Die Welt als Wille und Vorstellung. Reclam, Stuttgart 1974, S.73
Erinnerung von Manfred Vanson, in: Jürgen Sielemann: Aber seid alle beruhigt. Briefe von Regina van Son an ihre Familie 1941-1942. Landeszentrale für politische Bildung, Hamburg 2005, S. 205
Daniel Defoe: Robinson Crusoe. Naumann & Göbel, Köln 2000, S. 80/81
Friedhelm Moser: Kleine Philosophie für Nichtphilosophen, C. H. Beck, München 2000, S. 49/50 und 60
Søren Kierkegaard: Entweder-Oder, ein ekstatischer Vortrag. In: Brigitte Hellmann (Hg.): Der kleine Taschenphilosoph. dtv, 2. Auflage, München 2004, S. 134/135
Aljoscha Schwarz und Roland Schweppe: Anleitung zum Philosophieren – selber denken leicht gemacht. Herbig Verlag, München 2002, S. 166/167
Der erste Tod. In: Australische Märchen. Anneliese Löffler (Hg.), Rowohlt Verlag, Reinbek bei Hamburg 1994, S. 14/15
Fernando Savater: Die Fragen des Lebens. Übertr. ins Dt. von Andreas Simon, Campus Verlag, Frankfurt am Main/New York 2000, S. 28/29
Hanno Gerwin (Hg.): Was Deutschlands Prominente glauben. Gütersloher Verlagshaus, Gütersloh 2005, S. 27, 63, 177, 181, 189 und 217
Hannah Arendt: Vita activa oder Vom tätigen Leben. Piper, München 2001, 12. Aufl., S. 29

Bildnachweis

AKG-Images: 16, 40/41, 56 ((c) The Munch Museum/The Munch Ellingsen Group/VG Bild-Kunst, Bonn 2007), 68, 71; californiabits.com: 45; casadosc.ch: 27; doodoo.ru: 34; Edition XXL (D. M. Field: »Leonardo da Vinci«, 2004): 39; facite.com: 27; flickr.com: 45; fromoldbooks.org: 29; fr.passado.com: 11 (Rosa R.); ioc3.unesco.org: 54; lesjones.com: 11; machsmit.de: 65; Militzke Verlag, Archiv, Leipzig: 14, 19, 23, 30, [evtl.] 31, 38, 45, 49, 50, 51, 52, 53, 60, 62, 64, 66, 70, 72, 73, 75, 76/77, 78; mindbroker.de: 27; miranda.com: 36; nadir.org: 27; Naumann & Göbel: 25, 63; oecac.at: 74; passionnature.com: 10; Ingo Pertramer: 67; photocase.de: 18 (Eizy Paessler), 44, 47; pixelquelle.de: 10 (Daniel Kocherscheidt), 11 (Christine Becker), 11 (Harald Vauk), 12 (Ullrich Torloxten), 13 Torsten Lohse), 20, 21, 22, 28 (Paul-Georg Meister), 32 (Joern Beyme), 35 (Paul-Georg Meister), 46 (Quedraogo), 53, 59 (Peter R.); sems.gob.mx: 30; u-blog.net: 39; Ullstein: 55; wikipedia.de: 23; Uta Wolf: 8/9, 15, 24, 57.

Herkunft unklar: 20/21 Umriss; 33 Junge
Trotz größter Sorgfalt ist es uns nicht in allen Fällen gelungen, zu den Abbildungen den Rechteinhaber zu ermitteln. Berechtigte Ansprüche werden selbstverständlich über die üblichen Vereinbarungen abgegolten.